营销的功夫

新消费品牌如何快速出圈

陈楠——著

电子工业出版社
Publishing House of Electronics Industry
北京·BEIJING

未经许可，不得以任何方式复制或抄袭本书之部分或全部内容。
版权所有，侵权必究。

图书在版编目（CIP）数据

营销的功夫：新消费品牌如何快速出圈/陈楠著.
北京：电子工业出版社，2024.7. -- ISBN 978-7-121-48199-4

Ⅰ.F713.3

中国国家版本馆 CIP 数据核字第 2024XN5324 号

责任编辑：王欣怡
印　　刷：三河市良远印务有限公司
装　　订：三河市良远印务有限公司
出版发行：电子工业出版社
　　　　　北京市海淀区万寿路 173 信箱　邮编：100036
开　　本：880×1230　1/32　印张：6.375　字数：175 千字
版　　次：2024 年 7 月第 1 版
印　　次：2024 年 7 月第 1 次印刷
定　　价：68.00 元

凡所购买电子工业出版社图书有缺损问题，请向购买书店调换。若书店售缺，请与本社发行部联系，联系及邮购电话：(010) 88254888，88258888。

质量投诉请发邮件至 zlts@phei.com.cn，盗版侵权举报请发邮件至 dbqq@phei.com.cn。

本书咨询联系方式：424710364（QQ）。

目录
CONTENTS

一、回归营销本质

01 理解营销，回归本质_2

02 产品力是营销基石_13

03 营销从理解消费者需求开始_22

04 重要的消费者研究_33

05 用功夫的内容营销_42

二、有价值的整合营销

06 海外众筹——整合式营销_58

07 细分类目营销_67

08　好的服务与有效传播_76

09　互动与口碑_87

10　不争第一，只做唯一_97

三、营销实践

11　品牌内容的视觉调性_108

12　回归本质_116

13　用户思维与流量思维_122

14　对标戴森的徕芬_132

15　石头科技——塑造差异_143

四、营销背后的功夫

16　快就是慢_154

17　竞对研究_164

18　用户心智与品牌运营_174

19　联盟营销_182

20　长期主义_192

一

回归营销本质

01

理解营销，回归本质

在正式开始讲述本章内容之前，我想先讲一个关于我的一个客户的真实案例——一个24岁的小伙是如何在3个月内筹到100万美元的。

2022年4月，我的一个好兄弟带着他的产品样品找到我，希望我能帮他把市场做起来。他把产品打开的时候我有点懵，居然是键帽——就是我们每天工作使用的键盘上面的键帽。我脑中立刻冒出一个疑问：这个产品在市场上真的有需求吗？于是，我们团队的小伙伴去做了一个详细的市场调研，不做不知道，一做吓一跳。原来它不仅有市场，而且市场规模还蛮大。全球机械键盘主要厂商有Logitech、Razer、Cherry、Corsair、Steelseries等，这前五大厂商共占有机械键盘市场超过50%的市场份额。北美目前是全球最大的机械键盘市场，占有超过30%的市场份额；其次是欧洲和中国市场，二者共占有超过35%的份额。2020年，全球机械键盘市场规模达到了73亿元，预计2027年将达到170亿元，年复合增长率为13.53%，机械键盘市场仍处在上升期。

而我朋友的产品的目标用户是18～35岁的男性群体，以大学生和白领等电子产品爱好者及客制化键盘玩家为主。他们有一定的消费能力，同时也对产品质量有较高要求。只要能做出符合他们期望的高品质产品，或是在产品创新方面有新的突破，就能吸引他们的注意和青睐。

因为他的产品只是在样品阶段，所以我建议用海外众筹的方式来打响市场开拓的第一枪。

同时，我们团队也做了众筹网站的相关产品的案例数据分析。当时，键鼠类产品在Kickstarter众筹平台上已上线1000多个项目，筹集总金额高达十几亿美元，是Kickstarter众筹网站最热门的类目之一。众多键鼠类产品项目中，机械键盘类是关注度最高也是总众筹金额最高的细分类目，2022年，来自中国地区的机械键盘类项目在Kickstarter平台上占比超过50%，筹集总金额达数百万美元。

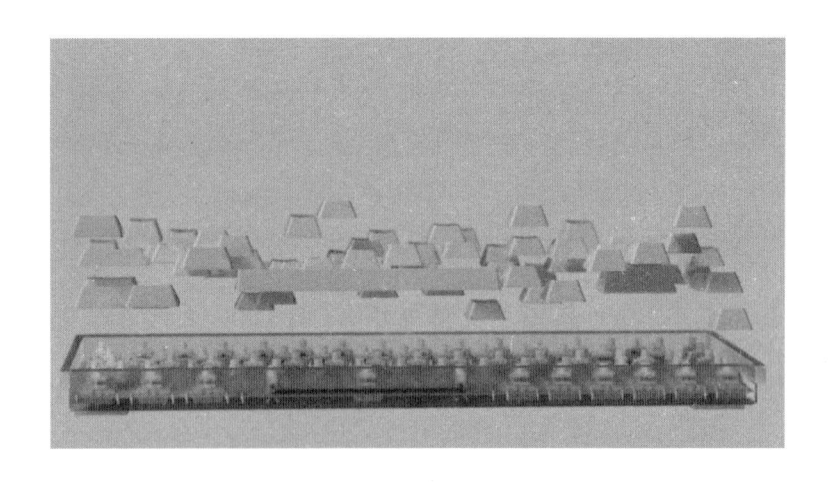

2022年5月，陶瓷键帽Cerakey项目在Kickstarter平台上线，上线48小时内便筹得超过10万美元的项目金额，后续又在Indiegogo InDemand上线，最终取得了筹款100万美元的好成绩。这也是单独的键帽类产品第一次在Kickstarter平台上众筹金额突破30万美元，在大热的键鼠品类中开创了键帽这一个全新的细分类目。

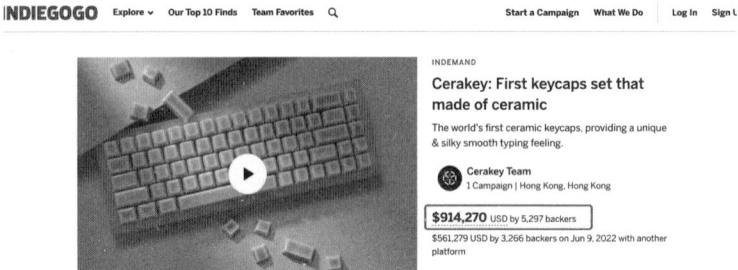

故事讲完了，在我看来，关于营销的本质，第一个重要的点是，营销是企业或者个人发现或发掘消费者需求，让消费者了解该产品，进而购买该产品的过程。营销的本质或者说营销的背后是真实存在的需求。

很多公司带着产品来找我们，开口便说"我们的产品非常好""产品力基本上在行业内排第一"，而实际情况往往是这些公司找了一些代工厂，在工厂原有产品的基础上做了一点点外观上的变动或者加入了一点点伪需求的功能，然后试图通过营销手段，找一找网红、拍一些视频、做一些广告投放来撬动市场。事实证明，这样做市场反馈往往不会很好。

我经常参加一些行业展会，其中2023年的亚洲宠物展给我留下非常深刻的印象。整整9个展览馆，涵盖宠物医疗、宠物保健品、宠物器械、宠物零食、宠物玩具、宠物软件等类目，可以说应有尽有，且每一个类目基本都有上百个产品在展览。那么问题来了，在产品同质化如此严重、市场竞争如此激烈的情况下，在任何一项营销活动开始之前，我们首先该思考些什么呢？我想，我们一定要思考的是，营销推广的产品是不是真的在市场上有需求。我们有一些相对来说有一定体量的客户，但他们也有类似的问题——找了上百个网红，在各种社交平台上推广，却反响平平，其根本原因就是没有把握住消费者真正的需求。

在这里我引入第二个故事，同样也是一个真实的案例，这个案例更能够真正地说明问题。两个做宠物喂食器的年轻创业者带着他们研发一年的产品找到我，希望我帮他们把产品推向市场。他们觉得市场上没有同类型的产品，其产品应该可以一炮而红。他们的产品是一个有3只碗的智能宠物喂食器，用于解决多猫家庭猫咪吃饭的问题。我们团队的小伙伴做完调研后发现，市面上确实只有单只碗的智能喂食器，没有多只碗的。这是为什么呢？是那些头部品牌没有发现这个需求吗？是他们还没有迭代出新的产品吗？有养猫经验的朋友应该可以很快发现问题所在，那就是猫咪不会像人一样，只吃自己碗里的东西。所以他们挖掘出的这个需求并不是真正的需求，但是没办法，产品已经打样完成了，不论怎样都得去试一试，万一成功了呢？结果，我们的分析很快被市场验证了，他们的产品最终只卖出了十几台。两个营销案例，不同的结果导向，其本质原因都在于是不是把握了真实存在的市场需求。

而关于营销本质第二个重要的点是，营销还是企业整体组织能力的体现。这句话可能不够严谨，但是我想表达的观点是，营销不是简单的一个环节，一种形式，一次线上的传播，一场线下的活动，一条有创意、有视觉冲击力的TVC视频，一个或多个明星代言，而是通过企业整体组织能力完成的。

企业大到世界五百强，小到路边夫妻店，都是以组织的形式存在的，其品牌影响力是组织运营能力的体现。营销的本质或者说营销的背后是产品、人等企业组织所能够调动的一切资源。

还是拿键帽案例的成功来说。首先是产品，产品是营销的起点，拥有核心独特卖点和真实市场需求的好产品是营销成功的重要基础。我们通常可以从功能、参数、性价比、外观设计、使用场景、是否解决用户痛点等几个角度去判断一个产品是不是好产品。而在产品卖点同质化非常严重的键盘类别中，这个键帽品牌恰恰拥有独一无二的差异化卖点，这是键帽项目营销成功的首要条件和最重要的原因之一。

在材质上，它做到了一定程度的创新，工艺精美，耐磨且抗冲击，市面上也没有同类竞品，做到了"人无我有"。在外观和产品设计上，它的颜值超高，有多种颜色可以选择，陶瓷RGB照明效果更强，外观设计炫酷。在使用层面上，它的兼容性强，可以兼容所有机械键盘。这些核心的产品力恰恰是营销所需要的独特卖点，也恰恰是消费者想要知道和了解的信息点。

其次是营销内容。所有的营销内容一定是根据消费者的真实需求和反馈去输出的，要始终站在消费者的层面和角度去思考营销的方式方法，避免企业基于自身的视角盲目输出内容。

键帽项目在营销前预留了2个月的时间，通过媒体公关、

KOL测评、社媒营销、EDM营销等多种方式为产品提前预热曝光，把目标用户引流至品牌的社群小组里，并为组内成员单独提供折扣信息，使营销更具有针对性。从最终结果来看，网站的社群营销比起其他营销方式有更精准的用户群体和更高的转化率，针对目标受众的精确预热为键帽项目第一波营销增长打下了坚实的基础。

最后是持续的广告投放。键帽项目在初步营销预热带来的增长红利结束后，采取多种方式，从广告投放、媒体通稿发布、KOL测评、社群营销等多方面发力，保持了后续的持续增长。其中，在后期营销部分最值得参考的经验就是广告的持续投放，专业的广告投放在后续项目营销推广中起到了至关重要的作用，有效促进了销量增长。到这里我们可以明确地感受到，一次真正有效的营销背后是整体组织能力的体现。从产品到产品背后的所有参与者，以及企业可以调动的各种资源，只有所有的环节协同发力，才能完成一次有价值的营销行为。

回归到营销本质上来，第三个重要的点就是通过传递价值抢占用户心智。基于社会生产力的不断提升，我们可以看到各行各业的竞争都十分激烈，只要是消费者能够想到的需求，就会有成千上万的组织去竞争、去满足。在常规的市场版图中几乎很难再看到所谓的蓝海，而消费者的品牌记忆是有限的，因为选择具有多样性，供给远远大于需求，消费者不可能记住几十个品牌,更别说成百上千个品牌了。试想一下,提到火锅你能想到多少个品牌呢?好像脑子里除了海底捞,一下子很难想到别的品牌,在用户的潜意识里,火锅甚至已经几近等同于海底捞了,它牢牢地占据了用户的心智。在移动互联网时代,我们可接收到的信息实在是太多了,现在消费者能够记住的各类目品牌基本不会超过10个,有的类目甚至不会超过3个。消费者的品牌认知一旦确立就很难再发生改变。消费者心智是既定的,我们只能顺应,只能通过提供差异化的价值来触达消费者,抢占他们的心智。

这里要讲到第三个真实的故事:国内一家只有4个人的情趣用品初创团队大人糖如何用3年时间突围杜蕾斯、杰士邦、冈本等世界知名情趣用品品牌,从一个初创品牌成长为现象级新锐情趣用品品牌。其中,大人糖的产品小海豹更是取得了2020年天猫"双11"情趣用品类目销量Top1的佳绩,并且随后在资本市场拿到了2.5亿元人民币A轮融资。要知道,这笔融资放在整个情趣用品行业,金额之高都能够排在前三。那么,他们凭什么能够占领用户心智,让用户拥有极高的品牌忠诚度,以及是如何将品牌价值和理念有效自然地传达给女性群体的?

大人糖这个品牌作为我曾经的客户,在短短的3年中,之所以发展速度一日千里,在其整个品牌成长的过程中,首先一定是因为他们确切地看到了消费者真实、清晰的需求；其次是他们通过将有效的产品设计和价值理念传递给消费者，抢占了一批有真实需求的目标用户心智。

在品牌形象上，大人糖强调去低俗化。其推出的第一款产品逗豆鸟，外观神似鸟笼文艺夜灯，搭配马卡龙色调，清新脱俗。区别于传统情趣用品简单粗暴地以人体生殖器为原型的产品外观，大人糖强化了产品的设计力，从最基础的视觉层面就削弱了女性对情趣产品的"羞耻感"。无论是产品逗豆鸟、小海豹，还是刚刚上市的月坠，它们的外观看起来更像是装饰品，色调都以温馨的粉色、嫩黄色为主。而在产品材质上，品牌也选用了触感更柔软亲肤、清洗更方便的食品级硅胶；在产品功能上，除了基础的震动功能，还增加了吸吮功能，为用户提供更全面、立体的体验。

在产品的延伸拓展方面，大人糖坚持走精品路线，每一个新品的研发周期都以年计算，希望让每个产品都禁得起推敲，并且都有新奇感。

在营销层面，大人糖并没有直接通过品牌发声传递产品理念和价值，而是去品牌化，不做直接表达，只讲述真实的用户故事，以用户的视角去阐述产品体验，自然地讲解和自由、阳光地表达，向用户真实地传递出品牌的价值理念——大人糖，"成年人世界里的一点甜"。女性的需求是自然的需求，是成年人心灵慰藉的一种方式，它不应该被戴着色眼镜看待，它是自然的、美好的。大人糖的品牌名称同样运用了类比的手法，糖是我们从小就熟悉的东西，它令我们感到甜蜜和幸福，"大人糖"这个品牌名称可以在第一时间把品牌的价值传递给用户，即温暖的、自然的幸福感。此外，大人糖还通过让更多有影响力的精英女性公众人物作为品牌挚友共同发声，不断地向女性群体分享两性知识，来表达对女性群体的关怀。例如，在2021年12月，大人糖与知名女性发声者——复旦大学社会学系副教授沈奕斐，合作开发了一门以成年人为受众的性教育课，课程包括两性相处、性认识等主题内容，围绕目标群体常见的对于性的"迷思"，由权威专业的学者进行答疑解惑，有效地帮助目标群体建立对性客观、全面的认知体系。

意象的设计＋有效的情感价值，使情趣产品自然大方地走到台前，进入大众视野，成为人们现实情绪的出口，不仅逐步卸下女性群体对情趣产品的"心防"，更引导着大众改变对情趣产品的固有认识。

回看大人糖的发展历程，时至今日我还清晰地记得和品牌创始人肖总的第一次见面。我们探讨的第一个问题是如何把产品视频拍摄得自然、美好，而不是以情欲吸睛。大人糖始终将女性情趣美好的价值放在第一位。品牌在产品内容表达、线下活动、内容营销等各个方面，始终把重心放在如何令女性情趣更加阳光快乐上。

大人糖通过清晰、正向的价值传递，让目标受众和其他群体感受到品牌的价值理念，并给予更多人正视生理需求的力量，让用户不再谈性色变，而是能像正常地讨论生活中的家长里短一样。大人糖会告诉你："不用紧张，跟随自己的内心，情趣是自然的、美好的，正视它，体验它，享受它。"大人糖有效的价值传递，牢牢占据了用户的心智，使品牌在用户的心智中不再是单纯的情趣玩具，而是一种随心的、美好的情趣态度。在一部分用户的心智中，美好的情趣用品品牌已经等同于大人糖，大人糖的产品就是美好的情趣用品。

曾在2021年9月，大人糖还上线了一支具有纪实色彩的广告片，以真实记录的手法展示了女性群体对待情趣的不同态度，或勇敢、或羞涩、或坦然、或热烈，不同的发声，真实的表达，自然而然地让女性情趣这个话题以落落大方的姿态进入我们的视野，并在不同的人群中被传播、被提及、被讨论。

回到营销本质的观点上来，可以说，只有传递真实的价值，才能抢占用户的心智，才能在白热化的竞争中脱颖而出。大人糖正是如此，传递真正意义上的价值——"成年人世界里的一点甜""让性和情趣用品阳光化"。这是一个品牌在前进道路上的精准洞察，同样也是对品牌营销本质的真实注解。

02 产品力是营销基石

产品力是营销的基石,强大的产品力能帮助产品在营销的过程中节省成本,提升传播力和影响力。产品力包含哪些方面呢?通俗一点来说,有产品本身的价值、产品的包装、产品的配套服务、产品传递的理念,等等。

你相信一款垃圾袋在短短一个月内可以卖出将近300万单吗?在抖音现象级网红"疯狂小杨哥"的直播间里你就可以看到。我们抛开小杨哥的粉丝量不谈,先看看这款产品。9.9元的垃圾袋75只,抽绳收口,可以承受20斤的重量。各位可以拿自己家用的垃圾袋进行对比,可能很多人就会想选择他们品牌的垃圾袋试试看了。如果真如他们所说，那么用户使用后有可能会持续进行复购。这个案例的背后有一点是可以肯定的，高品质、高性价比的产品是能够立刻触动有需求的消费者的。所以说，产品力是营销最核心的因素。

消费者消费的行为场景，本质上是在寻找对自己最有价值的产品或者服务。而产品力就是消费者寻求的价值综合体，包括价格是否划算、外观设计是否好看、包装是不是有品质感、有没有保修服务、包不包送货、包不包运费，等等。

耳机应该是我们日常生活中除手机之外使用频次最高的电子产品之一了，常见的使用场景包括看视频、接电话、听音乐等。庞大的市场需求及规模势必意味着这是一个非常成熟的红海市场，竞争会异常惨烈，想要从中脱颖而出可想而知会有多么艰难。而恰恰有这样一个品牌，不仅从市场中脱颖而出，而且仅仅用了10年时间就成为全球知名的运动品牌，在全球60多个国家和地区进驻了超过2万家门店，拥有数千万的粉丝、用户，不仅初步完成了全球化布局，而且品牌销售额每年都在持续保持高速增长，年销售额超过20亿元，毫无疑问成为中国运动耳机的龙头。它就是韶音。时至今日，包括像我这样有运动需求的大众消费者及职业运动员，好像运动耳机就用韶音的这个想法已经牢牢占据我们的心智。跑步的时候、登山的时候，佩戴这款耳机既舒服又不用担心脱落，音质好又不用担心汗渍，简直是陪伴运动的神器。韶音凭借着独特的产品力在消费者使用的短暂瞬间就把价值传递给用户，其差异化的产品力就是韶音近7年销售额增长超过80倍的基石。

让我们来看看韶音是如何通过产品力打动消费者从而撬动整个耳机市场的。

韶音洞察到在运动场景中，市面上还没有很好的产品能解决消费者的使用痛点。传统的有线或者无线耳机在跑步或者运动的过程中会出现一些非常明显的问题，比如：跑步的时候由于动作幅度太大导致耳机容易脱落；耳机塞在耳朵里超过半个小时，耳朵便会有明显的不适感；长时间佩戴的情况下，耳朵周边出汗时会产生黏腻感和不适感。韶音敏锐地发现了这些用户痛点，推出骨传导耳机，佩戴者只需将耳机贴着头骨即可，不用将其放入耳道，这种产品力上的差异给运动场景中的用户体验带来了显著的改善。

首先，韶音的产品会让消费者在使用的过程中佩戴牢固且更加舒适，不必担心跑步的时候出现耳机脱落的问题。

其次，韶音的产品对于保持耳道内部的卫生有着很大的帮助，不会因为运动时间长导致的出汗及耳朵周边汗渍黏腻而滋生细菌。

再次，韶音的产品相对安全，传统的入耳式耳机在佩戴之后声音较为闭塞，对外部的声音或多或少有一定的隔绝作用，导致用户在一些特定的场合（如户外）如果遇到突发情况会因听不到周围的声音而容易发生意外。

最后，韶音的产品在一定程度上能起到保护听力的作用。因为骨传导技术利用了骨头震动传音的原理，使产品佩戴时无须入耳，不用通过耳膜传输声音，这样就减少了由于佩戴时间过长而产生的对听力的损害。基于此，韶音进一步针对性地总结出了该品牌产品"舒适、安全、稳固、防护"的四大核心产品力。

我们前面提到，好的产品力能帮助产品在营销的过程中节省成本，提升传播力和影响力。2011年，韶音耳机第一次亮相拉斯维加斯全球最大的消费电子展览会CES，当即产生了意想不到的传播效果，其差异化的产品力吸引了超过100家北美媒体报道。在随后不到一年的时间内，韶音已经覆盖了全美超过80%的销售渠道，亚马逊等顶级经销商也抛来橄榄枝。2014年，韶音还与苹果达成合作，其产品出现在了苹果自营的Apple Store中。试想，在产品力不足的情况下，我们要花费多少钱才能获取到相同体量的媒介传播资源呢？

产品力足够好，消费者会进一步被动或主动宣传。以我的亲身经历来说，我通常会在早晨七八点戴上耳机开始在小区内晨跑，小区内部的绿化道路附近有很多人都在锻炼，在跑步的过程中我能够明确地感受到有很多人在看我耳朵上的耳机。有两三次在跑步的过程中，我被人拦了下来，问我戴的是什么牌子的耳机，在哪里可以买到，因为他们跑步时佩戴的有线耳机总是脱落，很不方便。不知不觉间我已然帮这个品牌做了宣传。差不多一个月后，我在跑步的时候居然看到小区内有四五个人都戴上了类似的产品。

另外，很多使用韶音产品的消费者在运动健身完之后总会在朋友圈或者小红书等社交媒体平台上发布健身打卡的照片，相当于间接地帮助品牌传播。事实证明，好的产品力是拥有自传播性的，韶音不断地提升产品力，让耳机不再局限于跑步这种常规的运动场景，而是进一步满足骑行、游泳等更多的应用场景。韶音的粉丝也广泛分布于多个运动领域，跑步、健身、铁人三项、游泳等。韶音经过社交媒体的传播，受到了现象级的追捧，顺势进一步推出了运动爱好者和明星运动员的联名款耳机，其外观设计更酷，运动属性拉满。

产品力永远是营销中的"1"，没有"1"也就没有它后面的那些"0"。越来越多的品牌急于挣钱，忘记了"1"的重要性，导致营销动作和节奏变形，从而陷入一种恶性循环。

我和韶音中国区CEO杨云沟通交流关于他们产品的产品力时，他是这样说的："消费者反馈，耳机舒适性对他们来说非常重要，在产品力上，技术是竞争的重中之重。"同时，他也分享了韶音的产品工程师们做的一些研发内容，为了让耳机佩戴起来更为舒适，耳机构型的方案可能要改几十遍，模拟场景实验要做成百上千次。我想，这些才是奠定韶音营销成功的基石，才是真正让产品成为爆款的核心密码。

对于我接触到的绝大多数企业来说，导致营销失败最核心的原因之一就是产品力不足。要么是开发产品时以自我为中心，忽视了真正的市场需求；要么是产品同质化严重，没有竞争优势；还有就是产品的性价比和用户体验没有触动消费者，没有做到让消费者真正有感知。在走访新加坡品牌陆升陶瓷时，关于如何通过产品力触动消费者这一点，让我有很大的感触。陆升陶瓷品牌是新加坡品牌，工厂位于福建省德化县。在没有接触陆升这个品牌之前，你很难想象一个陶瓷餐具的制造商能够成长为全球知名品牌。陆升的产品销往全球各地，在亚太、中东、北美、欧洲和非洲都建立了广泛的经销网络。陆升公司的主要产品以陶瓷餐具为主，业务涵盖陶瓷生产、经销、贸易、开发和管理等。上面提到的这些，一般的消费者好像没什么感知，但是当你在星巴克购买陶瓷杯子时，其实你已经在购买陆升的产品。不仅如此，陆升还和很多全球知名的酒店达成合作，成为他们的首选供应商，比如万豪国际酒店、威斯汀酒店、喜来登酒店、丽思卡尔顿酒店，洲际酒店集团旗下的洲际酒店、皇冠假日酒店、假日酒店，等等。

陆升是怎样通过产品力触动消费者的呢？

首先是产品颜值和触感。陆升的每一款产品都使用了独特的半透明材质、温和的象牙色，以及各种深受消费者喜爱的贴花元素。在和陆升工作人员沟通的过程中我们了解到，产品的颜值和触感始于精选原料，陆升所有的产品均采用德化县独有的高岭土、长石和石英制作，这也是陆升选择在德化建立工厂的原因。精工细作，考量细节，陆升始终以产品力为先，不仅将产品做到了洗碗机适用、微波炉适用、冰箱适用，而且产品耐刮、光泽恒久、热稳定性强、不含动物骨灰、不含重金属铅镉、耐脏，还通过了最高食品安全认证。很难想象小小的厨房餐具背后要下这么多的功夫，也只有用了这么多的功夫才有了被市场认可的产品力，有了被市场认可的产品力，才能持续长久地在竞争日益激烈的市场中存活、发展。迄今陆升这个品牌已经走过了70余年，早已打破了一般企业只有5～10年存活周期的困境。

其次是可视化的严苛工艺。在参观工厂的过程中，我们可以清晰地看到每一道工序的制作流程之规范严谨。工作人员表示，目前陆升陶瓷的制作工序大概有50多道，虽然消费者很难有机会现场观看，但是现在他们已将产品的信息二维码印制在产品底部，消费者只需要打开手机扫码就能清楚地了解产品的整个制作流程，如模具制作、注浆、成形、表面处理、风干、烧制、印标、上釉、二次烧制、贴花、三次烧制，等等。这样做不仅能使消费者清晰地了解陶瓷工艺的制作过程，企业也通过生产过程数据可视化的规范标准作业流程，提升了精细化管理水平。

陆升陶瓷通过严选原料，严控工艺，不断研发，持续稳定地打造优质产品，形成了其强大的产品力，为后续的营销奠定了稳定的基石。

让我们跳出陆升去看一看，比如远在千里之外的德国品牌梅森瓷器。通过这个已经享誉世界的顶级陶瓷品牌，我们同样会发现一些关于品牌产品力的共性。梅森创建于1710年，是整个欧洲最早成立的陶瓷厂，迄今为止已经有300多年的历史。梅森瓷器不仅经常作为国礼被赠送给各国元首，其早期的一些产品更是只供给皇室使用。

梅森出品的瓷器上，所有的花纹均为手绘，所使用的颜色也都是秘制调配的，颜料也为独家使用。梅森的每一件成品都是经过80多道工序手工制作而成的，每一位彩绘师、造型师都必须经过数十年的艺术与技术培养。在一些细节上，梅森的做法也非常值得我们学习，梅森出品的瓷器底部都有编号，只不过这个编号是烧制上去的。每一个购买梅森瓷器的消费者拿到的编号都是不一样的。瓷器底部会有造型师的编号、年份编号、器型编号、图案系列编号和画师编号，以及质量标记、年度限定编号、数量限定编号等。这些细节，一方面可以让消费者感受到梅森对于产品质量的严谨态度，另一方面也造就了梅森独特的产品力。在研究案例的过程中，我们发现了更加值得学习和深思的一点：梅森瓷器从诞生之初至今，历时300余年，依旧保存着每一款产品的石膏模具，总计17.5万余件，随时都可以生产出同300年前一模一样的产品。除此之外，3000多种图案也都完好地记录着。这些细节都体现了梅森对产品力的追求，同样也是奠定品牌成长的基石。

最后让我们再回到陆升，在陆升工厂几千米外，有一个对外开放的陆升仓库，几千平方米的仓库里堆满了陆升出品的各种瑕疵产品，绝大多数产品有可能只是产品logo位置印刷存在些许偏差或者产品上有一些不仔细看都看不出的小瑕疵，瑕疵产品基本上都会以2折甚至更低的价格卖给有需要的消费者。这是一种非常好的营销手段，一方面可以通过这种方式把陆升对产品的高要求理念传递给消费者，另一方面可以让消费者以较低的价格感受陆升的产品力。陆升通过产品性价比和用户体验去真正触动消费者，让消费者接触到产品，接触到品牌，从而把购买过产品的顾客转变成品牌的忠实用户，并将产品力和品牌故事传递、推荐给更多人。由此可见，产品力是创造品牌价值的基础，亦是营销的基石。

03 营销从理解消费者需求开始

在整个消费市场中,最重要的不是产品,不是价格,也不是渠道和推广,而是消费者的真实需求。只有以消费者的需求为中心,打造出满足消费者需求的产品,企业才有可能获得超出预期的利润,才有可能创造全新的品类,也只有这样做,才能在越发激烈的市场竞争中保持持久的生命力。

作为企业主,我们可以试想一下,我们真正了解用户的需求吗?我们真正了解我们的用户吗?他们是什么样的一群人?他们是否会因为生活习惯、地域文化的不同而有着不同的消费心态?如果我们能了解世界各地的消费者心态会怎样?如果我们能够了解消费者的需求会怎样?在这样一个多元化的世界,不同地域的消费者存在着一定程度的消费共性，但也存在着明显的差异。以零食为例，美国和法国在消费动机方面的差异，远远大于消费者心态的差异。在美国，消费者表示吃零食主要是为了振奋精神；然而在法国，吃零食更多是为了社交。因此在这两个市场上，企业在零食上的营销方法必然有着本质上的不同。

在整个机械键盘的消费市场，中国品牌近两年在全球市场崛起，国外科技媒体平台以及大量的海外网红争相推荐报道。有一些科技媒体甚至做了"全球最好用的机械键盘评选"这样的报道，有数家中国品牌赫然在列。其中有一家中国键盘品牌格外引人关注，它就是Keychron，它有3~4款产品都在评选榜单中。那么它是怎样快速成长起来的呢？

从消费者视角反馈来看，Keychron的产品最重要的特点是好用、性价比高。它可以连接3个设备，有蓝牙，有无线，有RGB灯光，支持MAC系统且运行非常稳定，可以一键切换MAC和Windows模式，所有的功能点都是满足用户需求的，且性价比超出用户预期。简单直接来讲，市面上同等质量的机械键盘大都在千元左右，而Keychron用一半的价格提供了更好的输入手感。

那他们是如何在海外进行推广的呢？最重要的还是从产品本身的卖点入手，这些卖点都是围绕消费者的需求打造的。

炫彩亮眼的灯光，无线键盘的便利性，有线连接的稳定性，不同手感的选择，全球集资过百万，大量用户的支持和选择，以及最美丽的价格，当这些真实满足用户需求的标签、信息被推广到消费者面前，消费者大概率会选择购买。包括近两年突然崛起的小家电品牌——徕芬，也是用同样的形式，发现真实的消费者需求，做出超出消费者预期的产品，以及借助极致的性价比和产品性能，配合着大量的营销动作，从而完成了消费者转化。同时，这些满足消费者真实需求的营销内容也会帮助品牌扩大渠道，使得越来越多的分销商会因此选择和这些新兴的品牌合作，进而进一步扩大该品牌的市场份额。越来越多的新兴品牌，通过借力用户反馈，洞察消费者需求，来进行快速的迭代升级。

理解消费者需求的营销在很大程度上能够帮助品牌方减少营销成本，大量的公共媒体资源会优先选择消费者感兴趣的产品内容进行曝光，从而获取持续的流量关注。以Keychron K3为例，希捷Ultra-slim标榜自己是全球最薄的机械键盘，这种比较有话题性的产品一般会吸引较大的KOL还有主流媒体更愿意对其进行宣传或报道。同样，理解消费者需求的营销本身也能够让顶流的KOL愿意为Keychron做品牌宣传，比如，订阅量近300万人的红人DaceLee为Keychron做了宣传视频。观看完整个视频我们发现，这位KOL并没有对Keychron做全面的介绍，而是仅仅抓住机身厚度这一卖点，通过大幅度拆解另外两款机械键盘，最后与Keychron进行比较来间接宣传的。可以确定的是，这位KOL是因为Keychron这个产品的机身厚度非常薄而有兴趣为它做内容宣传的。当然，品牌方一定有大量的预算投入红人营销，但是对于体量较大的KOL来说，选择做一个产品的推广，起到关键性作用的还是产品本身，以及产品有没有真正地满足消费者的需求。

更直白一点来说，理解消费者需求的营销能够进入一个正向的循环，为品牌方带来真正的利润。以Keychron为例，Keychron有一个很权威的亚马逊店铺，里面的产品都是被广大消费者认可的产品，亚马逊有一个佣金联盟平台，在国外有很多有流量的KOL都会通过这个平台来做内容营销，赚取丰厚的佣金提成。而为Keychron做视频的KOL的频道主题都是和

Keychron相关的，甚至就是机械键盘的主题，恰好Keychron又有非常适合做亚马逊联盟项目的产品，自然这些KOL就主动为其做品牌宣传。对于做国内市场的品牌来说亦是如此，不论是抖音、B站还是小红书，理解消费者需求的营销不仅会获得大量的流量曝光，还会带动大批KOL主动帮助品牌做相关推广。

从营销内容层面来说，只有真正理解消费者需求，才能制作出消费者愿意看的内容，从而进行有效传播，降低营销成本。

绝大多数品牌在内容营销的层面追求高品质大制作的视觉内容，许多营销内容的产生往往都建立在和竞争对手的对比上：别的品牌拍了一条高大上的产品TVC视频，我们就要拍一条更好的TVC视频；别的品牌拍了一套高品质的产品营销素材图，我们也要立刻跟上，拍两组更高品质的营销素材图。慢慢地我们发现，不知道从什么时候开始，我们已经进入了一个毫无意义的恶性对比的循环，大量的营销预算浪费在了制作精良却毫无意义的内容物料上，产出的内容完全不在消费者需求点上，最终消费者会转而投向理解他们需求的品牌。我们曾经参与过大量头部宠物品牌的内容营销，在整个沟通执行的过程中，品牌方付出的时间、精力让人钦佩，但是有些"极致的"追求实在让人无法苟同。比如猫厕所品牌应重点关注产品如何解放用户双手，如何更便利、安全，但是有的品牌在制作内容物料时却会关注猫砂形状的高级感，当真是没有把握消费者真实的需求。高级感不是品牌方自己营造出来的，高级感更多取决于稀缺性。

把握了消费者的真实需求，围绕消费者的真实需求做内容营销策略，能够为品牌方围绕其产品培养真正意义上的追随者。真正理解了消费者的需求，就可以围绕产品不断地创作出优质的营销内容，根本不需要耗费大量预算，斥百万巨资制作，往往只需要一台好的相机和一名还不错的摄像师，就可以达到很好的视频质量，形成很好的传播效果。

消费者的真实需求从评价、售后中来，这些都是消费者在使用产品后最直观的关于产品的反馈。把这些消费者需求反馈集中起来，按照优先级制作出相对应的内容素材，就是很好的营销内容。我们有一个长期合作的客户，也是目前洗地机品类的头部品牌——石头科技，他们在这一点上就做得非常好，他们在保证营销内容优质的前提下，充分地把握住了消费者需求。

例如，有一部分洗地机的用户是家里的老人，年轻人为孝敬父母，买洗地机来减轻老人的家务活。但是有一个问题，对于这种智能机器，无论是在组装上还是在使用上，老人理解起来都相对比较吃力。厚厚的小册子混杂着中英文的说明书对于很多产品来说是必须有的标配，但是越来越多的消费者更希望产品简单直接，拆开即用。所以石头科技就简化了使用说明书,把它做成了使用指南视频,消费者只需要扫描二维码就可以观看每种产品是怎样组装的,是怎样使用的,简单明了,非常方便。除此之外,石头科技还有许多营销内容也都是根据消费者需求反馈得来的,然后根据问题创造出内容,满足消费者的实际需求。例如,有很多女性消费者会问,石头科技的洗地机清理厨房污渍的效果怎么样,如油渍、番茄酱这种黏腻难处理的污渍?于是石头科技就会真的把这样的污渍摊开在地上,然后用自家的产品将清洗过程拍下来。这些消费者迫切想知道的答案就是他们的营销内容。

再比如每年的"双11"营销活动,很多品牌是针对竞品对手,或者是优先围绕"双11"的销售额去做整体的营销活动的,但是越来越多的品牌忘记了最应该考虑和最重要的关键点——用户需求,预售、满减、凑单等各种各样的套路不仅增加了消费者在线购物的动作,而且使得消费者越来越抵触甚至反感,因为最终消费者发现自己并没有真正地从品牌方"双11"的活动中得到实惠。所以说品牌营销一定要少一点套路,多一点真诚,从事营销的人员在做营销决策的时候最重要的评判标准是是否找准了消费者需求,只有这样才能够吸引受众并推动销售。

同样地,机械键盘品牌Cerakey最初在做内容营销的时候单纯地把重心放在自身的产品外观上,拍摄了大量的产品视频，虽然外观好看，但是并没有带来真正的传播，并没有真正把握消费者的需求，于是我们建议首先在确定视觉调性的基础上，去做一些真正满足消费者需求的传播内容。通过大量的售后反馈，我们发现大部分消费者比较迫切想要了解的产品相关的信息点包括产品的重量是多少克、什么样的轴体适用、是否适配主流的机械键盘、产品的触感是什么样的、产品在不同轴体上的声音是什么样的、产品有多少种颜色、产品怎样搭配会比较好看、套件配什么颜色的产品更好看，等等，每一个信息点都源于消费者的真实需求。事实证明，包含这些信息点的传播物料远比看起来高大上的产品视频有用得多，不但使观看人数多了很多，而且有的消费者在看完诸如什么颜色的产品搭配会更好看这样的营销内容之后会直接下单完成购买。事实上，只需要一个简单的改变，效果就完全不一样。只要理解了消费者的需求，仅仅通过产品视频和使用教程就能完成视频营销。

国外有一个网红，他在网络上上传了数百个视频，这些视频记录了他日常的生活，包括收获橄榄、制作奶酪和寻找松露等。还有一些视频是关于葡萄酒的内容，例如如何品鉴葡萄酒，为什么要在橡木桶里酿葡萄酒，等等。这些视频吸引了大量对葡萄酒感兴趣的用户，有的视频播放量甚至超过500多万次。无独有偶，近年来大火的李子柒、绵羊料理也用了同样的"配方"。这些视频没有炫技的剪辑，没有令人惊艳的特效，有的只是在拍摄的视频画面中穿插了一段轻快的配乐，有的只是添加了消费者想了解、想看到的真实信息。那么为什么这些视频会如此有传播力呢？简单来说就是足够真实和客观。

这些KOL并没有一味地在视频中展示自己的产品，也没有简单粗暴地把自家的产品夸得天花乱坠，相反地，他们只是在分享一种带有独立价值观的教程和技巧，展示过程也充满了生活气息，真实、客观且生动。在这个过程当中，他们制作了人们想看的视频，并且这些视频恰恰是理解人们需求的，可以直接作为值得用户信赖的产品购买建议。我们可以发现，越来越多的优秀品牌通过对产品倾注由衷的热爱，分享如何使用他们的产品，或分享他们的故事，吸引自己的受众，在这个过程中，他们也形成了独特的营销定位。

讲故事和教学比单纯的营销更能有效展开业务。

沃尔玛有一个简单的原则：但凡创新，均以顾客需求为基准。国内的胖东来也是如此，其创新体现在很多方面，如：在店外给早上来的大爷大妈留了凉亭座位，配备自动饮水机；超市内的厕所有给小朋友用的小梯子，有一键救援的按钮，有方便挂物品的挂钩，有质量更好的纸巾；商场内售出的电器由胖东来统一负责售后，统一负责安装，做到让消费者买着放心、用着安心。对于胖东来，消费者的反馈是这样的：买东西时会下意识地觉得"胖东来的质量肯定好""胖东来肯定不坑"。在当下的商业环境中，让消费者有如此信任度的企业已少之又少。胖东来的理念同样影响着当地人为人处世的态度，"爱在胖东来""爱、自由"等标语随处可见，一进入胖东来你就会感受到真诚待人、踏实做事、与人为善的氛围，大家都是和和气气、平等友爱的。很多人觉得服务人员似乎低人一等，但在胖东来，消费者和员工就像朋友一样，大家互相尊重。胖东来的成功就源于把握和理解了消费者的需求，把握和理解了员工的需求，从而形成了一个良性的循环。

在一次和石头科技工作人员的沟通中，我得知石头科技正在拓展全新的品类，从扫地机到洗地机，到现在的洗烘一体机，每一次新产品的面世都是建立在满足顾客的需求之上的。石头科技相关负责人说，之前企业内部有一个非清洁类产品项目，研发了一两年，但由于产品始终达不到他们的标准——即未能真正洞察且满足消费者需求，后来整个项目组被砍掉，产品由始至终都没有上市。换作一个一般的企业，遇到这种情况，只要产品不差，虽然没有创新，但毕竟花费了大量的时间和金钱，大概率就会让负责营销的团队通过一些套路继续推广，而事实证明大量企业没有守住初心，往往都是败在了算计上，忘记了消费者，忘记了他们真实的需求。而在洗衣机这个类目里，虽然强者如云，但是在和石头科技项目同事沟通时，我发现他们对自己的洗烘一体机真的非常自信，这种自信完全不是装出来的，相关负责人说："这个产品我自己在家已经用了几个月，真正做到了烘完的衣服可以直接穿。这个'黑科技'源于石头科技的分子筛低温烘干技术。"产品上线后果然销售得很好,消费者一致反馈其具有极致的性价比,非常好用。石头科技确实通过把握消费者需求,做出了洗、烘、护俱佳的高性价比产品,开创了洗烘一体机品类的第三种烘干技术新选择。

迎合消费者需求,理解消费者需求,是大多数企业都可以应用的营销策略。

04 重要的消费者研究

消费者研究，顾名思义，就是要去研究那些隐藏在用户背后的消费行为和真实动机。只有明确了解消费者产生购买行为的原因，品牌才能够找到品类的空白及市场的增长机会。那么到底是什么影响了消费者的心智，最终让消费者做出购买的选择的呢？我们觉得，一方面是品牌的传播力度，另一方面是他人的推荐，包括亲人、朋友及各个平台各个类目的意见领袖，另外就是渠道的力量。作为品牌方及从事营销工作的相关人员，首先要做的是始终站在第一线，聆听消费者真实的声音，然后再去做相应的品牌营销动作。仅仅凭借问卷调查及线上用户的反馈是远远不够的，是无法从更全面的视角看到消费者的真实需求的。

举个例子，当我们想选定一款扫地机产品颜色为主题色进行推广时，不同时间会得到不同的反馈。例如，过年的时候大家可能会更偏向于红色，但是可能这并不是消费者的真实需求。消费者可能只是在特定的时间段被文化、节日、氛围等相关因素影响了，在日常真实的购买行为中，消费者可能根本就不会考虑红色，因为红色和大部分家庭的装修风格并不统一，所以作为品牌方和营销从业人员，一定要深入第一线，不能只是纸上谈兵。比如，我们如果是数码产品的品牌方，首先就可以深入顺电等连锁的家电品牌卖场，去和销售人员沟通，问问什么类目的产品、哪个颜色的产品购买的人比较多，消费者为什么购买这个产品，是因为看重产品的品牌力，还是看重产品的颜值，还是因为产品更有性价比，等等，并做好相关的记录。其次也可以换个角度，以消费者的身份和别的消费者沟通交流。此时消费者的反馈会更加坦诚、真实；以品牌方的身份和消费者进行交流，或多或少会导致有些消费者不太愿意将心里话完完全全说出来。最后我们还可以作为一个真正的旁观者，既不和销售人员沟通，也不和消费者沟通，而是在用户购买现场作为一个旁观者观察消费者和销售人员的沟通情况。只有这样多维度地收集第一手的市场反馈和用户反馈，我们才能逐步发现消费者的真实需求是什么。这只是消费者研究的初步工作。

从另一个维度来看，消费者的行为是一个整体，我们应该了解不同群体的消费习惯。作为品牌方或者营销人员，我们要清晰地了解购买我们产品的消费者是谁，他们在哪里，他们为什么而买单，这样才能通过品牌传播影响消费者。

以Cerakey为例，因为其产品是"新奇特"的产品，所以除了常规的线上销售平台，还在抖音上开启直播带货，但是销量一直并不可观，于是我们试图去寻找原因。最终我们在发货单里发现了问题。有一天，在仓库里帮忙发货时，我刻意去看了看消费者的收货地址，结果发现几百单产品的发货地址中几乎有一小半都是中国各大高等院校的宿舍，如清华大学、北京大学、中国人民大学、南京大学、河南大学等。那么，这样一个消费群体的共性是什么呢？他们经常停留在哪些平台上呢？答案是B站。每个时代的大学生的消费行为习惯都不相同，以前我们那一代更喜欢玩PC游戏，现在在智能手机普及的情况下，大学生更喜欢玩手机游戏。以前大学生更喜欢出去玩，反观现在，大学生更喜欢宅着。我们发现我们的一部分用户更喜欢在B站上看内容，而不喜欢在抖音上看内容，于是我们调整策略，果然直播情况发生了改变。原本我们的抖音直播间大多数时间在线人数只有10～20个人，但是当我们把直播间转移到B站时，大多数时间在线人数都保持在500～600人，当然不排除这其中可能有一些平台层面的因素，但更重要的还是因为我们遵循了消费者的行为习惯。作为品牌方，要在用户经常出没的地方频繁露出，让他们反复看到品牌，从而记住品牌，即先在消费者心中种下一颗熟悉的种子，等待其慢慢发芽。

现在的消费者，其购买行为变化越来越大，新时代年轻人已经成为消费的主力人群。无论是传统品牌还是新晋品牌，只有清晰地了解年轻人的购买习惯，才能够精准把握市场的销售脉搏。

如上所说，年轻人的消费观念与上一代主流群体的消费观念完全不同，年轻的消费群体除了购买产品的功能，还注重产品的设计感、体验感，以及产品能否在一定程度上提供情绪价值，促使他们产生购买行为的因素也更加多元化，如产品的包装设计，甚至产品的颜色，任何细微的点，都有可能成为他们购买的理由。所以作为品牌方，我们更应该花费时间和精力去寻找当下年轻消费群体的需求点，从而抛出他们最看重的卖点。对于一些年轻群体来说，有时候他们购买某产品甚至并不在意该产品是否拥有实际的使用效果，而是更看重大家一起"玩梗"的体验和乐趣。2023年9月，有商家在线上挂出"爱因斯坦的脑子"这一虚拟产品，售价每个0.01元到3元不等，产品一经上线便在短时间内卖出超过10万单。店家声明，"爱因斯坦的脑子有各种效果，拍下后，自动长到想要的人的脑子里，通过脑电波瞬间传递"。虽然这是无稽之谈，"脑子"不会再长出来，脑电波更不会瞬间传递，但是依然不影响大家购买产品的热情。我们打开评论区便能发现，此类虚拟商品戳中的是年轻人追求"情绪价值"的心态。大家下单购买的并非实际使用效果，而是共同"玩梗"的体验和乐趣。有人要求看实体图，有人询问保质期，更多的人在评价效果，"买了真的有用吗""变聪明了，长脑子的时候还有点疼"。还有人调侃，"买来考公不太行，得换个中国脑子"。除了"爱因斯坦的脑子"，"虚拟蚊子""骂醒恋爱脑""好运喷雾"等虚拟产品也纷纷受到网友热捧。如果下单一份"虚拟蚊子"送给朋友，卖家便会扮演蚊子的角色，不定时"嗡嗡嗡"地骚扰他；如果网购一份"骂醒恋爱脑"，则会有知心姐姐供你倾诉，帮你早日摆脱渣男；而拍下"好运喷雾"，则会让你在接下来的日子里获得好运加持，工作顺利、心想事成。从上面的例子来看，因为当前消费者的消费习惯发生了变化，所以出售虚拟产品也有可能成为一门生意。

当然，除了深入一线，研究并得到消费者最真实反馈的另一途径往往是分析那些差评。试想，当我们在家里和家人吵架，或者向朋友表达不满时，我们会不会把压抑在心中的那些最真实的想法全盘说出，答案是肯定的。对于品牌方来说，如果想进一步进行消费者研究，那么毫无疑问，我们应该多去了解消费者对产品有什么不满，有哪些吐槽和抱怨。这些负面的反馈才是真正的用户心声，才是影响消费者购买行为的重要因素。拿我自己举例，我在点外卖时，除了看店铺销量，还会去看其他消费者对这家店铺的负面评论，因为这些负面评论才是最真实的反馈。好评和销量有可能是商家刷出来的，但负面评论一定不是，如果负面评论只是类似送达时间晚这样的问题倒还好，如果涉及食品口味或者卫生的问题，那么我一定不会选择这家店铺的外卖。

对于品牌方来说也是如此，只有了解消费者对品牌的负面评价，我们才能得到关于品牌改善的关键信息，在解决这些负面反馈之后，品牌才能够进一步得到提升。所以关于消费者研究，更深一步的动作是收集消费者的负面反馈，并且让消费者可以自由发声，表达他们对产品的不满。因为这些负面反馈所涉及的产品内容也正是消费者真正关心的问题。因此，研究消费者行为，我们既要调查、了解消费者在购买产品、服务之前的评价与选择，也要重视他们在获取产品后对产品的使用、处置和反馈。只有这样，我们对消费者行为的理解才会趋于完整。

随着对消费者行为习惯的不断研究，我们越来越深刻地意识到，消费者行为是一个整体，是一个过程，不同消费者群体在其长期购买行为中会形成不同的固有认知。

首先，消费者在面临多种选择时，更愿意选择知名品牌或者有代言人的品牌，形成这种选择的原因是消费者认为知名品牌有更多的人知道，有更多的人知道意味着大家对此品牌的产品有着一定的信任度，也意味着该品牌的产品质量更有保障。基本上，只要在消费者心理预算范围以内，大家更愿意购买知名品牌产品或者明星代言产品。以清洁机器人头部品牌石头科技为例，明星肖战作为石头科技的品牌代言人，其影响力显著。根据官方数据，自石头科技"官宣"肖战为品牌代言人后，石头科技的销售额和销量都有了明显的提升。官宣后的7小时内，石头科技的微博官博粉丝数增加了约12万人，淘宝旗舰店粉丝数增加了6万人以上。在"官宣"肖战成为石头科技品牌代言人之后的两个月，石头科技的市场零售额同比增长了74.8%和108.5%，销量同比增长了54.6%和77.4%。

此外，石头科技在2021年全年的业绩表现也十分优秀，累计销售量突破了千万大关，全年营收达到了58亿元。这些数据都充分证明了肖战作为品牌代言人对石头科技销量的积极推动作用。

其次，消费者普遍会认为品牌专卖店或者品牌旗舰店应该具备非常专业的服务态度和产品知识。一般来说消费者在购买一件产品时，在产品的使用说明等方面可能会存在一些疑问，如果这个时候消费者发现品牌的客服人员对产品的相关问题并不熟悉，那么消费者可能会立刻丧失之前对该品牌的好感度。所以作为品牌方，在任何一个接触消费者的环节都不能掉以轻心。

再次，消费者会认为品牌方做大促的产品有可能是滞销产品。所以品牌方在降价的时候一定要慎重，不要拿自己的利润产品去做降价促销，因为降低后的价格一旦占领消费者心智，就回不去了，产品价格从高到低是消费者喜闻乐见的，而从低到高则是消费者不愿接受的。

最后，关于附赠产品的认知，消费者普遍会认为品牌方赠送的产品是不值钱的，所以常规的做法是品牌方应把周边产品的质量做得相对好一些，然后给周边产品定价。周边产品不随意赠送，而是让消费者通过加购或者积分兑换的方式获取。通常这种做法不会让消费者觉得品牌方的赠品廉价。

品牌方在生产制造产品时，往往最容易犯的错误就是"自嗨"。我们遇到过非常多的品牌方客户，他们和我们见面时的第一句话就是："我们的产品与众不同，我们独创的某种技术在行业内遥遥领先……"其实大家都知道是怎么回事，不过就是随便改了改产品的卖点。我们自己眼里的产品是什么样的不重要，重要的是产品在消费者眼里是什么样的。就像一家饭店，在装修上花了很多的心思，桌椅板凳非常考究，便认为通过这番精心布置，一定能超越同行。但现实往往是路边一个只有最普通桌椅板凳的小饭店就把你给打败了，因为在消费者眼里，一家饭店最重要的永远是口味而不是装修。

所以，如果品牌方不去用心地做消费者研究，那么品牌失败的可能性就非常大。深入洞察和了解消费者的重要意义，苹果iPod的例子可以给我们深刻的认知。

苹果不是第一家生产电子音乐播放器的企业，但是它的iPod曾经占据全球便携播放器市场70%的市场份额，销量超过3.5亿台。而在这个市场上，索尼花了30年时间才卖出了几十万台磁带随身听。苹果做到如此的原因就是它对消费者的研究。苹果发现了两条关键的消费者需求信息：第一，人们希望随身携带自己所有的音乐；第二，人们希望能随时听音乐。当然，新时代的消费群体还存在一些新的共同特征，例如年轻的消费群体既喜欢在网上消费购物，也喜欢在线下的实体店消费购物，服装、零食及电子产品等是年轻人线下购物选择最多的品类。比较有意思的一个现象是，年轻的消费群体在线下购物前会在线上搜索同类型的产品进行比价，或者是在线上通过社交媒体咨询身边亲人、朋友的意见，所以品牌方千万不要试图在价格上耍花招。

此外，年轻的消费群体更倾向于选择配送速度快的商家。两相对比之下，如果某一家提供了更快的配送服务，消费者甚至愿意额外支付费用。所以顾客群体为年轻消费者的品牌方应当考虑自身品牌的配送范围和配送速度，借以赢得年轻消费群体的好感。只有充分地进行消费者研究，品牌方才能够创造出好的产品和好的营销规划，才能够真正贴近用户，品牌也才能因此真正树立起来。

05 用功夫的内容营销

广告的目的是通过各种媒介去影响他人，媒介的形式包括广播、电视、杂志、广告牌、互联网，等等。内容营销的目的是通过长期优质的内容贴近用户，与用户产生关系，从而影响用户。

随着生产力的提升，市场上的产品越来越多，品牌也越来越多，铺天盖地的营销手段和内容常常令用户眼花缭乱，不知所措。常见的营销手段，如拍一条TVC视频、开一场发布会，如今对很多品牌来说已经是常规操作，但是往往并不能获得理想的市场反馈。

那我们应该怎样去做内容营销呢？我们要清楚，内容营销是基于关系的一种营销，是一定要投入时间精力，一定要用功夫才能做好的。

阿米洛品牌于2013年正式注册成立。由于当时机械键盘在中国刚刚兴起，市场小，生产制造机械键盘的厂商寥寥无几，且外观功能同质化严重，消费者尤其是发烧友的DIY空间十分有限，因此阿米洛在品牌创立之初就确定要走丰富的设计路线和提供足够灵活的私人定制功能，以满足顶级发烧友的需求。

2014年，阿米洛推出旗下首款机械键盘VA104M，定位高端，虽然成本高昂，售价也直逼国际一线品牌，但由于精致的做工和细节打磨，在玩家圈层逐步赢得口碑。

2017年，阿米洛推出樱花主题键盘，在此之前，还没有品牌专门针对女性用户设计键盘，而阿米洛樱花主题键盘结合了艺术设计与女性审美，一经上市便成为爆款，引领了键盘潮流。自此，阿米洛品牌开始逐步走出"键圈"，被大众消费者了解。

樱花主题键盘推出后，阿米洛于2018年更新VI视觉形象，确立品牌口号为"键盘艺术家"，将键盘这一新时代的输入工具作为艺术载体，承载更丰富的内容呈现给用户。阿米洛又相继推出海韵、森灵、熊猫等一系列艺术设计主题产品，均获得成功。

2019年,阿米洛推出全新"中国娘"系列键盘,其国风设计再次引领键盘设计潮流,其中"花旦娘"主题产品在本年度成为最具设计影响力的键盘,长期霸占京东排行榜第一名,也使得阿米洛的圈外影响力再次飞跃,阿米洛因此成为国内领先的高端国产机械键盘品牌。

2020年,阿米洛实现了轴体与技术全新升级,2021年模具升级,"中国娘"系列之"问鹤"主题产品搭载全新设计的"魅"模具上市发布,以雍容华贵的造型和精妙的细节一跃成为新的爆款产品。

这里我想分享的第一个点是,任何企业、品牌,一定要让自己内容化,且内容应该渗透到公司的每个环节。

在产品设计之初,阿米洛内容营销其实就已经开始了。在品牌的社交媒体上,阿米洛会预告产品上线时间,与此同时,设计师会把产品设计的思路、想法及故事原型分享出来;生产端的同事会把生产端对产品质量严格把控,保障每一台出品皆是精品的过程制作成高质量内容再次分享;在研发端,研发团队会把对键盘输入体验的苛刻追求,以及为了让消费者用起来"再好一点点"而进行的实验探索过程记录下来形成营销内容;在原料端,阿米洛会把对原材料的来源、加工进行精密管控，使用优质材料进行生产加工的过程分享出来；以及在售后、服务端，阿米洛也会将如何为每一位消费者提供一对一售后服务，如何全程保障用户消费体验的过程记录下来。通过企业各个环节生产的内容，阿米洛让用户清晰地了解到一台颜值精美、质量过硬的键盘是如何生产出来的。这一点对于消费者来说非常重要，因为通过对整个设计生产链路的展示，阿米洛已经提供了足够多的证据来证明其是在用心生产键盘、用心贴近用户，用户看得见，自然会放心购买。

这也是抖音上很多食品行业的商家开始运用的内容营销手段。他们每天都在生产内容，每天都在向用户展示自家的水果、蔬菜、海鲜是如何生长的、如何采摘的、如何筛选的、如何售后的，整个链路都作为内容营销物料制作出来展示给用户，用户自然而然会相信，进而产生购买行为。时至今日，内容营销早已不局限于传统的纸媒、电视广告，而是遍布各类电商平台、社交平台、分享App。无论大小品牌，要想取得好的营销效果，一定要在内容营销上下功夫，不断输出真内容，只有依靠好内容才会取得成功。

这里我要分享第二个点，即在内容营销的过程中，我们不仅要将企业内容化，更重要的是将产品内容化，将产品内容优质化，以增加曝光，从而实现转化。

近几年来，高端清洁家电赛道兴起，扫地机、洗地机品牌层出不穷,从"懒人必备"到"解放双手",每个品牌的营销口号各有不同。在诸多清洁家电品牌中,有这样一家企业,推出的产品几乎每次上市都会引起广泛关注,由于过人的产品力,"石头科技"这个品牌曾一度被称为"扫地机器人界的苹果"。而除了石头科技产品自身不断的研发创新,其在内容营销层面做出的探索同样不容忽视。

2021年,石头科技推出了U10智能双刷洗地机,产品一经上市,连续几个月销售额、市场占有率遥遥领先。我们先来看一段石头科技U10智能双刷洗地机的TVC内容介绍。

这是新的石头
听说
很有两把刷子

双滚刷设计
擦地频次翻倍
干垃圾
湿垃圾
一遍搞定

相对旋转　更强对地压力
垂直风道　减少吸力损耗

即拖即干　不留水渍
这才是真的洗地

灵动双轴
双向助力
推拉更顺畅

从前到后
从左到右
零距离双侧延边

智能污渍检测
轻污轻擦　重污重擦

随意扭转
桌边　床底
狭窄缝隙
逐一攻克

大功告成
开始自清洁
深度清洗滚刷和管道

轻松　不脏手

是的

石头真有两把刷子

以石头U10智能双刷洗地机为例，我们要思考的是将产品卖点转化为什么样的内容，介绍给谁看。怎么样通过产品内容与用户建立连接，让用户感同身受。石头科技产品的用户主要是高净值中产家庭。相对于价格的高低，他们更看重产品的品质；他们消费观念超前，追求新鲜科技，尝鲜驱动，认为早买早享受；他们不愿意在打扫卫生上面投入太多时间和精力，扫地和拖地如果能够通过科技产品来解决，那么对于他们来说确实是省时省力的刚需。还有一部分用户是老年人，老年人上了年纪，身体状况不允许其从事繁重的家务劳动，那对于这部分用户，石头U10智能双刷洗地机能在什么样的场景下解决什么样的痛点，就一定要通过视频内容简洁明快地给用户讲清楚。

首先，回到使用场景上来，我们要知道在实际清洁的过程中有哪些痛点是能让用户立刻产生共鸣的。比如，石头U10能够实现吸拖洗一体，干湿垃圾可以一次性搞定。做过家务的朋友都知道有时不小心将油渍或牛奶、咖啡等洒在地上，是很难清洗的，地面上可能还会有一段时间是黏黏的，但洗地机能够完美解决这个问题。再比如，石头U10这台洗地机的使用场景范围很广泛，一些用户担心的清洁不到的角落，如床底、狭窄缝隙，都能够得到很好的清洁。我们曾实景展示了常见的各种家庭垃圾、污渍被石头U10轻松清理干净的过程，以及在清洁过程中产品运行的细节，让用户切实感受到产品的性能及清洁的效率，真正做到了用产品讲故事，让大众消费者对产品感兴趣，进而形成转化，让有需求的用户下单购买。

其次，从传播学的角度来讲，"形式是金，内容为王"。好的内容还要用好的形式去包装。石头U10的文案用了我们经常能够听到的生活谚语——"真有两把刷子"，既暗合了产品双滚刷的特点，又让我们立刻感知到这个产品的性能真的不错，确实"有两把刷子"。除此之外，还通过CG动画展示产品的内部构造及产品运行过程，让消费者以新奇的视角看到了曾经看不到的内容，这也是一个非常好的形式。所以，好的产品内容营销都是下了功夫的，只有洞察人心的内容加上用户感兴趣的形式才能够更好地在各个渠道中传播，才能够让用户愿意自发分享，形成二次传播。还有一点是，我们要对好的素材进行单点拆分，形成更聚焦的产品内容，进行渠道传播，比如U10在原有的产品内容上，又围绕产品的每个性能卖点，制作了内容更短、更聚焦的产品内容，再次投放又得到了很好的曝光。

石头科技后续的A10系列产品更是将生活化场景内容以更加利于传播的形式展示到极致，打造了出圈的"强迫症系列"——上线了5支魔性短片,把洗地机的"擦、卷、吸、洗、烘"五大功能,通过人们生活中常说的话展示出来,并在短片中通过日常场景的戏剧化演绎加以强调。比如,小孩儿流着鼻涕,手里拿着纸但就是不擦。把烤鸭和菜放进饼里,但就是不卷。女朋友喝奶茶,但就是不吸。搓衣板和洗衣盆都摆好了,架势也摆了起来,但就是不洗。浸湿的毛绒玩具滴着水,旁边的"小太阳"却被关了,就是不烘。用常见的场景加上娱乐形式的演绎,快节奏地引出产品,从而传递石头A10"一键快速帮你搞定清洁"这一信息。

这里还有一些产品内容营销的原理,也一并分享给大家。比如,产品的比较优势可以作为营销内容传达给目标受众,简而言之就是,你的产品和竞争对手相比有没有对方所不具备的优势,如果有的话要拿出充分的证据进行论证。以洗地机为例,如果你的产品在对地吸力方面比竞争对手更具优势,那就要拿出充分的内容论证并传递给消费者。再如,作为企业或者品牌方要学会提取具体的对消费者有好处的效果证据,因为这样的内容对于消费者而言记忆度更高。以上面提到的U10为例,它可以一键清理干湿垃圾,可以把狭窄缝隙轻松地清洁干净,可能别的内容消费者记忆度没有那么高,但是这些有好处的内容消费者往往会记忆深刻。关于产品内容如何让目标用户记忆度更高这件事,很多企业品牌都在运用的一个方法就是打造独特卖点效果证据。以洗地机为例,像石头U10的"两把刷子"、晓舞洗地机的"拖布实时自清洁",都很好地提出了其独特卖点,都有着非常不错的营销效果。

那么,有了好的产品营销内容,我们在什么情况下去增加我们的投放费用呢?一般而言,尤其是在产品上新时,我们可以根据产品的独特卖点制作大量的效果证据内容,加大投放力度。以我们和宠物智能家居头部品牌小佩合作旗舰产品项目为例,基于产品真实效果证据的内容加上大规模的渠道投放就起到了事半功倍的效果。

小佩成立于2013年,迄今为止在智能宠物家居行业已经深耕了9年。2018年,小佩完成了"吃、喝、住、行、清洁、玩"六大产品线布局。2019年,其完成了2000万美元的C轮融资。除了宠物智能家居,小佩还经营其他与宠物相关的内容,比如宠物医院、宠物食品、宠物周边,等等,目前已成为宠物智能家居行业的TOP1,且在国内的门店扩张相当迅速,连锁规模已经稳居全国第一。而在旗舰产品小佩智能全自动猫厕所MAX的营销内容方面,我们可谓下足了功夫。

这是小佩智能猫厕所MAX
瞧,这是头矮脚巨兽
它照样能轻松跨入
自由转身不憋屈

多种体型

同样应付有余

猫咪有它的如厕时间

你也有属于你的自由空间

智能清洁程序

一触即发

精准筛分

顺滑不黏底

你只管享受蛋糕的美味

等等

有猫靠近

安全防护

即刻开启

卡猫

0风险

清理结团

即刻被封锁

仓内自动净味

时刻保持清新

多猫如厕数据

一览无遗

大容量集便仓

足够让你多玩几天

快拆清理

轻而易举

小佩智能全自动猫厕所MAX

自在空间　自由享受

　　产品营销内容的作用之一就是提供目标用户所需要的信息，以便用户做出选择，形成购买。通常而言，产品营销内容信息量越丰富，对于目标受众的说服力就越强。就上述智能全自动猫厕所的传播内容而言，它给养宠用户提供了明确的产品信息，如"空间大，自由转身不憋屈""卡猫0风险""仓内自动净味""大容量集便仓"等等，这些关键信息都是养猫用户迫切想要了解的，并成功做到了把卖点转化为有趣的内容信息。用真实的论据，在对的渠道加大投放力度，想没有转化都难。

综上所述，好的内容会让企业或者品牌的营销事半功倍，没有好的内容，一味简单粗暴地投放广告是很难取得好的市场反馈的。然而问题是，短期的一两个优质内容终归只是昙花一现，是没有办法让目标受众形成长久记忆的。内容营销的核心是持续不断地产出优质且让用户感兴趣的内容。内容营销的关键是如何找到目标用户的所在渠道。内容营销的目标是如何让目标用户自主地生产有价值的内容。

罗技——1981年起源于瑞士，经过不懈努力，其产品已遍布世界各地，成为消费者喜爱的电子品牌。从发布第一只鼠标到打造专业监听式耳机，从推出全线游戏产品到进军丰富多样的移动周边，罗技依托强大的技术优势，秉承优越创新的设计理念，实现了在电脑外设、游戏、数码音乐、家庭娱乐控制、手机及平板外设等多个领域的跨平台发展，旨在为用户提供更加丰富、舒适、有趣、高效、便利、愉快的使用体验。

G923是罗技推出的全新一代 TRUEFORCE 模拟赛车方向盘。我们是如何和罗技一起通过持续不断地输出优质营销内容来使罗技G系列产品获得用户认可，进而不断提升市场占有率的呢？

首先，了解产品卖点，寻找优质的内容创作路径。以G923产品为例，它大致有6个核心卖点：

（1）TRUEFORCE力反馈技术；

（2）做工精良、用料扎实、坚实品质；

（3）双离合起步控制；

（4）集成面板尽在掌控；

（5）渐进式刹车制动；

（6）优秀的兼容性。

围绕核心卖点，结合实际使用场景，就可以生产优质的产品向基础内容。

其次，在了解产品的基础上找到核心的目标受众所在地。电子类产品的主要用户为"85后"及"90后"青年群体。随着时间的推移，"90后"群体的占比在显著上升，年轻化的群体在整个市场中占比越来越重，年轻化已成为电子类产品行业的消费趋势。年轻消费群体的共性是容易接受新鲜事物，愿意尝试有创意的电子产品，在社交媒体及短视频平台上花费的时间较长，对新鲜好玩的事物愿意传播、愿意分享。而罗技G923的目标用户普遍在以B站为首的新世代高度聚集的文化社区和视频网站上，B站是数码3C内容最好的发声地，所以优先选择B站为产品内容传播的渠道。

最后，通过创作优质的内容传递价值，影响目标用户。在内容传播前期通过宣传推广，增加品牌曝光，吸引有需求的用户群体关注和互动，缩短引流转化的路径。内容营销的对象一贯都是人，能否感染人、打动人、影响人，能否传递真实、有价值、有态度、差异化和利他的优质内容才是决定内容营销成败的关键。

以罗技G923为例，其内容营销贴近用户，倾听玩家、用户的反馈，并将内容板块分为"官方教程""玩家实录""产品展示""活动回顾"等，尤其是"玩家实录"这个板块，很多期内容都达到了百万次级别的播放量。其中有一期内容的灵感来自日本的一个用户，他已经是93岁的老人了，但是依然酷爱玩游戏，开模拟赛车。于是我们做了一期"当93岁的老爷爷尝试玩模拟赛车，结果会怎样？"的内容。内容发布后感动了很多玩家，起到了很好的传播效果。

内容营销的本质就是通过内容使产品和用户或者使品牌和用户的互动频率越来越高，以此让用户产生越来越强的信任感，在一定的信任基础上实现转化和购买。

二 有价值的整合营销

06 海外众筹——整合式营销

海外营销即针对海外市场的推广方式，通过数字营销和内容营销，将产品更精准地推广到与之匹配的用户群体面前。相较于本土市场，全球市场无疑是一个更为广阔的市场，加之中国供应链的产业集群优势，网络规模大、种类全、物流快，企业可以用较低的成本生产出高质量的产品，并将产品快速推向市场，而寻找相应的销售渠道和推广方式就成了重中之重。

在合作过的诸多品类的客户中，我们发现了一些普遍存在的问题：

（1）产品同质化严重；

（2）产品与营销不能同时兼顾；

（3）销售渠道和推广形式单一；

（4）没有真正做到按需生产。

首先是产品同质化严重的问题。例如猫咪喂食器这样一个宠物智能单品，打开淘宝，琳琅满目的不同品牌不同产品，其功能基本一致，少有品牌洞察用户需求、做产品区分，从而使各类品牌产品都陷入了价格内卷。

其次是产品与营销不能同时兼顾的问题。这是我们服务的客户普遍存在的一个问题，很多客户本身是做产品起家的，有很强的产品研发能力，在产品供应链、产品品控方面深耕多年，能够基于用户需求快速迭代出好的产品，产品本身也有很强的产品力，但是在营销推广层面往往找不到很好的发力点。

再次是销售渠道和推广形式单一的问题。除了常规的众所周知的电商渠道，以及一些通用的社交媒体，没有更精准的、更贴近用户的渠道和内容。

最后是没有真正做到按需生产的问题。如何从大量的用户群体中不断地找到新的共性的需求，根据需求做到按需生产、计划生产，同样是一个值得探究和深思的问题。

当下国内商家出海的主要渠道包括传统的线下B2B，常规的亚马逊、速卖通等电商平台，以及独立站。

传统的线下B2B对于品牌的体量要求十分严苛，此外还有备货量及结款周期等方面的要求，这对于中小品牌而言都是不小的压力。而亚马逊等电商平台同样面临的一个问题是品牌越来越多，竞争异常激烈，头部品牌牢牢站稳脚跟，中小卖家的获客成本越来越高。反观独立站则是一个很好的渠道，但是流量的获取亦是品牌方要直面的问题，如何低成本地获取流量、如何快速建立品牌口碑、如何近距离地贴近用户都是迫切需要解决的问题。

基于多年服务品牌方的经验，我认为可以考虑一个新的渠道——海外众筹。

海外众筹是一个非常优质的渠道，还没有被广大国内品牌方熟知。目前海外有两个主流的众筹平台，即Indiegogo和Kickstarter。Indiegogo是全球最大的硬件科技爱好者社区，聚集了将近2000万创新者和寻找创新产品的用户，总项目筹集资金超过20亿美元，覆盖238个国家和地区。Kickstarter是全球最大的众筹平台之一，网站全球月访问量超过2000万，迄今为止已经帮助超过23万个项目募集了超过70亿美元的资金，有超过8000万的支持者参与到这些成功的项目之中。

一般来说，海外众筹渠道适合以下4种公司。

（1）公司或者团队有很好的硬件产品研发能力，不是倒买倒卖型的公司。

（2）公司拥有较同质化产品更具创新性和差异化的C端硬件消费产品。

（3）公司想要开始尝试做海外市场或者已经在做海外市场，但寻找不到突破口。

（4）公司想要或者急于建立自己的海外种子用户或品牌。

大中小型企业或者团队去验证新品市场需求，打开海外渠道，在众筹的过程中要注意三个关键点。

第一，产品是样机状态（八九成外观和功能完善的样机）。产品及产品力一定是最重要的，好的产品是营销的关键性因素。样机整体的外观可以有部分瑕疵，但最重要的是产品力方面要可以解决用户痛点，在使用层面不存在任何问题。在TWS耳机市场如火如荼的时候，与我们合作的一家品牌耳机公司，为了快速跟上市场节奏，打了几十个耳机样品，外观做得十分有质感，但是在进行曝光的时候出现了很大的问题，海外一线的科技媒体和几十位音频领域的KOL集体给出了差评，原因在于测试时居然出现了接收不到音频的问题，而这种问题是致命的。

第二，众筹的总时间在30～60天。这就意味着，在这

30～60天的时间里需要持续不断地为项目引入更多的流量，将产品推广到更多的意向用户面前。

第三，交付周期比较久（一般建议众筹结束之后半年内交付）。由于支持众筹的用户大多本着支持项目、体验新奇特产品的想法而来，相应地他们对于产品交付的时间是有很大的容忍度的，只要你的产品有足够的产品力或者足够有趣，他们通常愿意等上半年左右。这对公司的生产资金及生产周期都起到了良好的作用，能帮助公司提前回笼资金，真正做到按需生产。

到这里我们就知道通过众筹我们究竟获得了怎样的好处。

1. 市场验证

海外众筹可以帮企业快速地做一次市场验证，测试产品真正的市场需求。企业在产品尚未量产之前，借助海外众筹能够评估海外市场对新产品的需求，避免生产备货风险，因为在众筹模式下，就意味着消费者需要承担商家可能3个月、半年发货甚至未发货的风险。如果有大量的消费者愿意为你的产品买单，那么产品之后在海内外的市场销售是完全不用担心的；如果消费者对你的产品不感兴趣，就说明产品定位可能出了问题或者产品本身就是一个"伪需求"。海外众筹提供了一个平台，帮助你验证海外市场对你产品的接受度。

2. 降低风险

针对研发能力强、资金短缺的初创企业，海外众筹可以帮助其积累初始资金，有效解决生产资金困难问题。在发起众筹之前，卖家不需要进行大规模生产，不存在备货的压力，相当于"先拿到钱再给货"，等到众筹成功之后再进行大规模生产，不用承担滞销风险，真正做到了按需生产。

3. 开拓渠道

海外众筹平台的主要用户群体是海外市场中的优质消费群体，他们大多来自中产及中产以上的家庭，他们热爱具有创造力的科技型电子消费品，尤其是智能硬件类产品，在海外市场有着很大的影响力。因此，海外众筹的成功，代表着一种产品热销海外的可能性。在海外众筹人群的自发宣传下，产品和品牌将被他们主动地"口碑传递""病毒传播"。 更重要的是，Kickstarter和Indiegogo都是全球性平台。因此，通过成功的海外众筹，产品和品牌能够快速被全球经销商了解，在这种情况下，他们将主动和企业联系，并有可能形成覆盖全球的销售渠道网络。这一价值不仅在于加快了品牌在全球的影响力建设，同时也快速地帮助品牌搭建了完整的线下代理体系。

4. 品牌宣传

海外众筹更是一次线上媒体曝光的大好机会，因为海外众筹项目的运作需要大量的媒体报道，无论是自己运作还是通过服务公司运作项目，都会大量接触媒体人，并借此能向他们普及产品与品牌的优势。保持与这些媒体人长期良性的互动，他们将成为品牌未来海外媒体库中的重要资源。除此之外，在海外进行的众筹对于品牌回到国内进行传播也有巨大的事件营销价值。通过传统媒体、网媒、内容电商、推荐类或榜单类的科技KOL造势，你的产品就具备了在国内成为"爆款"的必要条件。同时，国内媒体的报道还会引来投资人对企业或创业者品牌的关注。利用好海外众筹带来的传播力和品牌资产，无论在海外还是国内，都能收获更多的价值。

5. 完成品牌从0到1

对于初创企业来说，产品想开拓海外市场相对比较艰难：海外的线下经销商，如Walmart、Target、Home Depot、Best Buy、Wayfair、Lowe's等，一般不会代理毫无知名度、量产和品控不明的产品；亚马逊上的硬件产品竞争已然是一片打着价格战的红海；团队自己动手在海外培育品牌和渠道，十分耗时耗力。因此，初创企业通过海外众筹好的产品有助于快速拿到海外市场的第一桶金。

6. 形成初步的品牌资产沉淀

针对已有品牌和产品积累的企业来说，它们可以通过一次次的众筹活动进行持续性的口碑宣传，根据每次众筹结果的市场反馈进行产品迭代升级，与用户保持良好且密切的互动，增加品牌认知度，累积宣传资源，形成一种良性循环。尤其是通过多次众筹可以形成一定体量的用户群体，在群组中保持日常的沟通与维护，能真正做到与用户"面对面"地沟通交流，倾听用户心声，了解用户需求，进而挖掘用户痛点。庞大且联系紧密的用户群体是品牌最核心的资产。

海外众筹整体分为四个阶段，包括前期素材准备、上线前市场预热、项目正式上线及后期发货。

纵观整个海外众筹项目的四个阶段，会发现这完全就是一次完整的整合式营销。海外众筹的第一个阶段需要准备大量的物料内容，包括产品的图片、视频、详情页面等。通过视觉内容快速抓取用户的眼球是内容营销的第一步。以一个众筹项目视频为例，它不像是一个广告，需要品牌方通过精致的画面、流畅的镜头语言去展示产品，相反，它更像是一条富有创意的产品使用指南，要在极短的时间内让用户快速了解到核心的产品力，即在什么样的场景解决什么样的用户痛点。

除此之外，在社交渠道上，品牌方也需要用大量的物料去展示产品及产品研发的测试进度等，和真正感兴趣的用户形成良好的互动，通过内容物料去完整地解释产品的功能和卖点。好的内容营销是整个营销过程中关键性的一环，它代表着品牌的产品力与品牌形象。

然后是上线前的市场预热阶段，在这个过程中，我们需要完成媒介资源的采买，如相应的媒体与KOL，通过数字营销如Facebook广告尽可能多地获取潜在的意向用户，运营并维护好相关的群组，等等。

紧接着是上线阶段，整个上线阶段需要持续不断地引入流量，带来曝光，将产品推到更多的意向用户面前。这个时候，只有通知媒体上稿、KOL测评人发布测评进行引流、EDM营销、数字广告投放等诸多营销手段一并发力，才有可能达成一个比较理想的结果。

最后就是发货阶段，当项目取得了一个比较好的结果之后我们就要准备发货了。很多初创企业在这个阶段由于取得了不错的成绩而忽视了产品生产，没有紧盯供应链、紧盯品控，导致在产品交付的时候出现了诸多产品问题从而引发口碑坍塌等灾难性的问题。尤其对于首次发起众筹项目的品牌方来说，首次众筹建议寻找比较靠谱的经销商合作，成熟的经销商拥有丰富的项目经验和相应的资源，会大大缩短整个项目周期，避免很多违背平台规则的问题发生。

07 细分类目营销

众所周知,在整个市场中,中小企业是绝对的主体,在全球经济一体化的背景下,各行各业都存在着更为垂直细分的产品及品牌,那么这些更为细分的产品和品牌是如何进行品牌营销及实现品牌增长的呢?

这里不得不提到一个重要的观念。我十分认同营销专家小马宋老师说的:"营销的营,首先是经营的营。"中小企业因为精力和资源有限,所以要在产品和营销上更加专业化。

想要成为细分类目头部品牌,就必须保持专注,专注品牌自身的核心业务,专注品牌的用户关系,专注品牌的服务体验，专注产品的持续创新，专注供应链的持续优化，专注塑造良好的品牌形象。只有这样，品牌才能持续不断地创造价值，才能持续不断地获得增长。

当前国内中小企业有不少陷入模仿和内卷之中。很多中小企业的产品并不是围绕消费者的需求在创新，而是一味迎合市场热点，盲目内卷。以机械键盘市场为例，2023年前后机械键盘市场"磁轴"盛行，几乎一夜之间绝大多数品牌方都在做磁轴机械键盘。在我们和某品牌的深入沟通中，某品牌表示："为了赶上这一波热度，我们从打样到产品上线总共用了不到3个月的时间。"当听到这个消息时，我们简直目瞪口呆，这样的产品真的是消费者所需要的吗？这样的产品难道不是和品牌的核心业务背道而驰吗？果然，产品上线后，销量并不乐观。将有限的时间和资源投在一个并没有长远价值的产品上面，毫无疑问是在浪费品牌的资源，损耗品牌的形象。反观"褚橙"，在橙子这个水果领域做到了细分类目的头部品牌，正是因为褚氏农业不断地超越传统，不断地进行产品创新，不断引入新的技术、新的工具，令"褚橙"口味越来越好，深受消费者的喜爱。

当然，细分行业头部品牌不仅要提供顶级优质的产品，还要提供顶级优质的服务。

在手机行业里，不论提起顶级的产品还是顶级的服务，毫无疑问都会让我们想到苹果,几乎国内的所有手机品牌直营店都在向苹果学习。苹果直营店的环境、服务都非常到位,不论是售前还是售后都有相关的工作人员一对一沟通,哪怕在销售火爆的时间节点,店里人山人海,都能够做到照顾好每一位消费者,不论是排队等待的流程,还是为消费者讲解产品,或者帮助消费者完成手机相关资料的转移,都非常便利。相比之下,某些手机品牌虽然在模仿苹果的服务,但是并没有模仿到精髓,服务态度相差非常大。让我印象非常深刻的是,我在国内某头部手机品牌旗舰店买了几部手机准备送人,但是因为朋友更喜欢别的品牌,所以第二天在包装没有拆封的情况下我拿着手机去退货,结果旗舰店的店员非常傲慢地说:"我们是不能退的。"在我说明我是该品牌的粉丝且后续会继续支持该品牌时,该服务员说:"我们X总说了,我们没有逼着让你们买我们的产品,你们想买苹果就买苹果。"一番沟通下来,简直让我对该品牌的好感度降到谷底,至此我再也没有买过该品牌的产品。

在智能影像领域,影石Insta360是以全景技术为基点的智能影像头部品牌,以智能影像设备以及运动影像设备等产品为主,创立于2015年,其在全景相机领域已经稳居市场头部位置,迄今为止用户已经超过百万人。在短短的9年时间内,Insta360是如何火遍全球成为诸多影像爱好者的心头好的呢?Insta360在内容营销层面的一系列动作是值得各个细分领域品牌学习的。首先Insta360营销内容紧贴产品卖点，形式创新独特。在各个社交平台上，Insta360用户产出的内容，诸如"把相机扔出地球""在天上踩别人的降落伞""老爷爷把自己变成蜜蜂""夏日泳池里的最佳玩具""第一视角沉入海底你看到了什么""站在世界最高点是一种什么样的感受，8848.6米珠穆朗玛峰全景视频""滑雪还是跳崖"等视频内容的播放量大都在几十万甚至上百万。

火遍全网的背后是Insta360一直坚持的一条政策，即鼓励用户拍摄产出有创意的内容，Insta360创立了专门的挑战基金，面向全球的用户征集创意，并且赞助一些极限运动团队拍摄。在这些海量的用户产出的视频内容中，有不少出圈的视频，很多非专业影像用户也因此对Insta360有了了解。

其次是与专业的KOL合作。

像瑜伽运动品牌lululemon一样（lululemon合作了大量专业的瑜伽教练），Insta360合作了大量的极限运动领域的专业运动员，有专业的滑雪运动员、专业的摩托车锦标赛冠军、专业的翼装飞行运动员等。通过大量的UGC和PGC，Insta360在全球社交媒体上全面发力，海量优质的内容给Insta360带来了巨大的曝光和流量，Insta360品牌形象也逐步被大众所熟知。

Insta360的成功离不开其优秀的内容营销，但是除了内容营销，对于诸多细分类目品牌来说，精准的渠道亦是众多初创品牌成长的关键性因素。Insta360在抢占海外市场的过程中，对于其品牌增长影响最大的事件就是成功入驻苹果零售店。毫无疑问，有苹果背书，Insta360会得到更多的市场资源。Insta360线上渠道包括影石Insta360官方商城和亚马逊、Lazada等；线下迅速形成遍布全球60多个国家的销售网络，除了苹果，还和Best Buy、Costco、Sam's Club等知名经销商合作。线上线下的精准渠道为Insta360带来了稳定的现金流，促使其品牌在短时间内快速成长。

前面说到内容营销和渠道对于细分类目品牌的重要性，从长期来看我们更建议品牌通过大量的内容营销来进行高质量的品牌传播，并逐步塑造品牌形象。我们不太建议通过大量投放数字广告来进行品牌营销，究其原因如下。

在很多情况下，数字广告的投放并不能带来长久的正向销售，而优质的内容营销带来的销售转化往往是正向且长久的，且复购率往往很高。一部分原因在于优质的内容故事使我们对品牌或产品的印象更加深刻，让消费者以更加感性的维度看待品牌及其产品。即使品牌或者产品处于起步阶段，可能很多细节做得还不够完美，消费者也会报以理解和支持的态度。而数字广告则会让消费者站在理性的角度去看待产品的价格和特点,使消费者陷入竞价思维。对于消费者来说,产生购买行为的前提很大程度上取决于品牌是谁。所以我们建议品牌方在前期要保持理性,更加克制,首先做到让消费者知道你的品牌是谁,来自哪里,能做什么,再逐步引导消费者产生消费行为。

我们合作的一个品牌客户——小佩,是致力于中高端宠物智能产品的国产品牌。在双方深入合作的过程中,我们发现小佩更倾向于优质的内容营销而非数字营销。小佩在Instagram、Facebook、Pinterest、Twitter、YouTube、TikTok这些社交媒体平台上凭借出色的内容营销都有着非常不错的表现。其YouTube上播放量最高的就是PETKIT PURAX自清洁猫砂盆的视频内容,这也是小佩的唯一一款众筹产品,播放量高达78.2万次。在与小佩合作自清洁猫砂盆项目的过程中,我们凭借着双方默契的合作产出了一条非常优质的内容,在一定程度上塑造了品牌的品质感,并且在国内外都形成了非常好的传播效果。

在细分类目营销的过程中,塑造品牌的品质感也是非常重要的,一个有品质感的品牌是能降低获客成本的。在宠物用品类目中,不得不说小佩的产品价格是相对较高的,但这并没有影响小佩产品的销量,相反,小佩产品的复购率普遍较高。

小佩在各个方面都非常注重塑造品牌的品质感,尤其是对于视觉体验的要求是非常高的。在整个视频中,无论是房间内的美术陈设还是一些并不显眼的家具道具，小佩都有着严格的要求。除此之外，在视频文案上我们与小佩一起做了几十个版本的深度优化，因为我们与小佩有一个共识，即视频文案能够最直观地将产品和品牌呈现给用户，用户的直观感受也最为强烈。

文案清晰直观地展示了产品的卖点，视频中更多地将猫咪如厕的体验感最大程度地还原出来，无论是视频的风格调性还是镜头语言都有着区别于传统的创新。果然，视频一经发布就在行业里广受好评，许多其他宠物品牌纷纷前来与我们合作。

当然，小佩的营销细节远不止于此。因为猫厕所的成功，小佩的品牌关注度及网站的访问量与日俱增。在和小佩沟通的过程中，小佩的工作人员表示，虽然现在品牌网站及各销售平台访问量在持续增长，但这只能算是一个良好的开端，访问量只说明品牌的曝光量和关注度在增加，并不意味着真实的转化，真正能够促成用户购买行为的还是优质的体验感。这种体验感是来自各个维度的综合感受，例如有关网站及线上销售平台的视觉体验，又如产品的平面视觉风格、产品的详情页、产品的卖点展示及其文字排版，以及客服体验——对国内用户各个平台售前售后都实时在线，对国外用户也是24小时内完成邮件沟通；此外，还有小佩的支付体验、包装体验、物流体验等。其中任何一个环节没有做好，都有可能将流量浪费掉，造成用户丢失。

除此之外，我们还配合小佩拍摄制作了一系列产品安装指导视频，几乎人人都可以照着视频快速完成产品安装。

综上所述，我们可以看到，几乎所有的细分头部品牌都存在一些不变的、优秀的共性，即我们在前面提到的"品牌必须始终保持专注"。当然，对于很多新晋品牌来说，它们难免会遇到一些比较紧急或棘手的问题，这个时候能否坚定地做到贴近用户关系、改善产品就显得尤为重要了。

例如，某电竞潮玩品牌新发布了一款铝合金的电竞鼠标，在进行市场营销推广时出现了一些问题。产品因为质量问题造成口碑的两极分化，一些KOL针对该产品的质量发表了一些负面的使用感受，而这个电竞品牌的处理策略是第一时间去某平台举报了该KOL的账号，并要求KOL删除该视频，于是该KOL把事件的起因、经过又详细地制作成一条视频在网上发布出来，使该事件进一步升级。事件的升级对该品牌的形象造成了一定程度的损害。

回溯整个事件，我们发现该品牌一开始的营销策略就偏离了正确的轨道。正如前面所提到的，细分类目品牌的营销一定不能质疑受众的专业性，否则就有可能给品牌带来无法估量的损失。该品牌最初是以专注于硬核机甲和科幻美学结合的产品设计而出圈并走进消费者视野的。但是最新发布的产品为了迎合市场却将营销重点定位为"卷王"。原本有创意的产品形态应该是营销的重点，但是该品牌在内容营销上却着重强调产品的价格、材质等与同行的对比，等等。产品还没有上市就让自己陷入与其他产品的对比中去，平白无故地给自己树起了一堆敌人。既然你说自己是卷王，那么广大消费者就会跳出来将你的产品与其他品牌的各种产品进行对比。只要有对比，就一定会有伤害。消费者可以有自己的评判标准，但是作为品牌方一定不能给自己贴上这样的标签，哪怕当下你的产品是有竞争优势的。一旦有新的产品进入市场且别人的产品比你的产品更有优势，那么对方可以立刻输出的营销点就是"将卷王拉下马，新一代卷王诞生"。在这个过程中，消费者只会去围观品牌之间的博弈，已经完全忘记了品牌真正的卖点——独特的产品设计。就像前面我们反复提到的，品牌能否持续保持专注是非常重要的。对于该品牌来讲，它原本是以创新的产品设计走入消费者视野的，那么独特的产品设计就是该品牌的核心营销点，一旦将这一标签撕掉，换上"卷王"的标签，那么品牌就立刻进入另外一套评判标准中了，"创新的产品设计"的标准是千人千面、无法具象的，"卷"却是具象的，那就是"（价格）没有最低，只有更低"。所以品牌方要始终保持专注，专注于自身核心优势，通过用户需求预测未来发展趋势。产品只有走在用户期望前面，才能成就头部品牌。

08 好的服务与有效传播

早在几十年前,广告业的前辈克劳德就说过:比别人更用心地服务,比别人提供更多的好处,基本上就会胜出。

广告公司对于品牌方来讲就是通俗意义上的乙方公司,简单来说就是针对某一领域的专业性服务型公司,这类公司有两点一定要做好,既要在专业上做到优秀,又要在服务上做到优秀,有点类似于五星级酒店,既要解决客户睡得好的刚需,又要给客户提供宾至如归的体验感。好的服务分为两个方面:对外的和对内的。对外来讲,就是服务好客户,解决客户的需求;对内来讲,就是服务好公司的员工,让员工有钱赚、有成长、有归属感。

那么，什么是好的服务呢？

1. 好的服务是优质靠谱的服务

靠谱是对一个人最高的评价，也是对一个公司最高的评价。

优质靠谱的服务是指能够完成计划，说到做到。对于客户而言就是能够按时、按需求保证结果，完成交付。在细节上还要做到及时解答客户疑问，及时同步项目进度，及时反馈关键节点，稳定有序地执行落地。

2. 好的服务是快速的反馈

能否快速反馈取决于对沟通中的关键信息是否理解得当，是否同频。这里有一个技巧，即能当面沟通的就当面沟通，不能当面沟通的就采用线上会议或者电话沟通，条件实在不允许的情况下再进行文字沟通。因为只有面对面交流，我们才能够把握当下的语境、情绪，才能够捕捉到关键信息。如果只用文字交流，很多情况下会产生一定的理解偏差，从而不能快速地就关键问题、关键信息及时进行反馈。

快速的反馈还体现在服务流程各个环节的及时交付上，例如前期策划快、提案快，中期执行快，后期维护快、更新快。

因为市场竞争日益激烈，品牌方的需求往往是一对多提出的，即一家品牌方会针对一个或多个需求面向多家服务商同时提出问询，谁能够快速给出精准的反馈，谁就能在短时间内脱颖而出。同时，内部团队的不断推动、案例的及时整理更新也十分重要。对于品牌方来说，过往的经验十分重要，过往从业经验中的成功案例几乎是品牌方选择合作服务商时的唯一评判标准。你合作过怎样的品类，承接过什么样体量的项目，就会有同品类、同等体量的客户找到你，与你合作。

3. 好的服务是结果的保证

快速的反馈虽然重要，但是商业项目毕竟以结果为导向。项目结果的好坏是衡量一家服务型公司是否优秀的最根本、最重要的标准。

4. 好的服务是团队所有成员都有专业性的服务意识

如何做到团队中所有成员都有专业性的服务意识呢？答案是让员工有钱赚、有成长、有归属感。在这一点上，餐饮品牌海底捞做出了很好的示范。首先是让员工得到公司发展带来的物质上的红利。古语有云：财散人聚。只有公平公正地将利润合理地分配给付出劳动的员工，大家在工作上才能更有积极性，才能更主动地为客户提供专业性服务。其次是让员工有成长。越是优秀的员工，越是有着清晰的目标和规划，如果优秀的员工在一家公司长时间得不到成长，就很有可能离开公司，从而造成公司的人才流失。所以，无论规模大小，公司都要抽出一定时间对员工进行培训、项目复盘，让员工不断得到成长，不断得到提升，不断通过努力越来越接近自身的目标，这样他们才会更加热爱自己的工作，才能以更加专业的态度和能力去主动服务客户。最后是让员工有归属感。当下员工与公司不再是简单的雇佣关系，已经渐渐转变成双向选择的关系，公司的工作环境与氛围能不能让员工有归属感，公司能不能解决一些员工的基础需求，公司能不能够认同员工的价值，这些都是至关重要的。所以，当员工在一家公司既得到了物质利益，又得到了成长，最后还有一定的归属感，那么所有的正向反馈都会投射到日常工作的细节中去，投射到客户服务中去。

5. 好的服务是性价比高

好的服务不一定代表高昂的价格。从本质上说，在任何行业做好服务都是理所应当的。

一直以来，小米都被称为国产手机良心品牌的代表，主要是因为小米手机在综合配置和友商差不多的情况下，价格总是更加亲民和厚道。加上雷军前几年高调表态——小米硬件只需要达到5%的利润就行，绝不多赚用户一分钱——更是让小米成为业界典范。在价格上持平，在服务上和交付上多提供一些力所能及的帮助，就是好的服务。

当然，对于品牌方来说仅仅好的服务是远远不够的，好的服务是任何想要成就长久品牌公司的基本准则。好的服务、好的产品、好的故事（文化）、好的传播即有效传播，只有同时满足这几点，一个好的品牌才能够成立，才能够被消费者接受并且认可。这里我们来看看如何做到有效传播。

以Cerakey为例，Cerakey希望通过营销完成对初始意向用户的收集和转化，那么如何做到高效率拉新？如何帮助Cerakey从线上挖掘和拉取更多的新用户关注其品牌及产品？如何帮助Cerakey完成高质量的转化？如何认知资产，也就是完成对人、货、场的精准验证？首先关于广告投入回报率（ROI），我们设定的真正的考核标准其实是点击进入页面的人群数量。我们需要看到在我们投放广告后，具体有多少的意向用户点击了Cerakey的测试详情页。考核具体的ROI，我们需要明确到底有多少消费者进行了及时的加购并转化。因为Cerakey的产品相对来说客单价会高一些，属于决策周期较长的产品，及时的转化只是一个基础的考核标准，更为重要的是我们如何通过精准的持续性营销完成后续不断的转化。最后是认知资产，我们希望通过投放能够更进一步地验证产品主力人群的用户画像，以及与之相匹配的产品卖点和相应的内容场景。

基于我们的品类和品牌，我们怎样设定我们传播的目标以及ROI？

首先我们要看品类决策的周期，就是品牌方的产品到底是长决策周期的产品还是短决策周期的产品。一般客单价较低的所见即所得的产品，相对来说都是短决策周期产品；长决策周期产品一般客单价较高，消费者需要思考产品具体能带来的好处，会比较产品的价格、外观、品质，等等。其次消费者的决策还取决于品牌的成熟度，品牌方的品牌是否成熟至关重要。如果是新品牌，消费者此前并没有接触或了解过，消费者的购买决策周期会相对比较长，且需要品牌方有一定的产品满意保证。如果是一个成熟的品牌，客单价又比较低，相对来说消费者的即时下单率会更高。

Cerakey就属于品类决策周期长的初创品牌的典型代表。很多用户第一次在社交媒体上了解到该产品，初步地被种草，这个时候我们在投放广告时要着重看一个指标，就是一个消费者点击访问页面要花掉多少成本，这关乎我们的营销目标。所以在初期我们更多的是通过达人去做产品种草，在Cerakey产品营销初期，我们在Instagram、YouTube、TikTok、Facebook等各个渠道通过大量的KOL去做产品开箱、产品测评、产品种草。由于品类决策周期相对较长，所以产品要等待累积到一定数量的粉丝，通过一些促销和优惠政策再去做一个及时的"收割"。

同时，我们找出了Cerakey明确的人、货、场，并选出了Cerakey优先主推的一款单品。我们发现Cerakey的冰裂纹键帽这一单品无论是在营销内容还是在产品视觉上，对于用户来说都有着很强的新鲜感和吸引力。此外，Cerakey的核心受众是3C数码资深用户及日常使用机械键盘的年轻用户，他们在使用机械键盘时更注重键帽的手感及打字的声音。而Cerakey的产品卖点是比任何塑料键帽都更耐用，还提供了令人惊叹的颜色选择和更好的背光效果。

陶瓷作为一种长寿命的材料，与塑料相比，它的物理和化学属性更稳定，不必担心褪色和汗水或油脂的腐蚀，而且陶瓷还提供了其他材料无法比拟的温暖玉石般的触感和光滑的纹理。此外Cerakey成功地将大多数键帽的重量保持在3.5g左右，兼容大多数键盘，不会牺牲触感和点击感。与此同时，它提供各种颜色选项，让消费者可以打造属于自己的独特的键盘。

明确了用户人群，明确了主推产品的卖点，接下来我们就要精准地把产品内容信息推送到这部分意向用户面前。当然，在前期进行投放的时候我们一定要注重选品的策略，这里通常是通过小规模广告预算投放测试哪个产品的投放对于消费者来说是最有效的。Cerakey的产品在投放的时候优势相对来说比较显著，因为相较于同类产品，Cerakey确实做到了独一无二，既有产品优势又有增长优势。而且Cerakey的产品具有较高的社交属性和热度，尤其是在粉丝群里，消费者购买到产品后往往会自己搭配颜色并分享到群组里，相互交流搭配心得。

在产品后续的转化上我们应该注意哪些维度？

我们衡量了Cerakey的价格、销量、成交率、站内ROI、复购率及消费者评价，通过这些维度我们可以清晰地看到，Cerakey在店内的成交转化指标是非常优秀的。在保持增长的过程中一定要注意用户人群画像的变化，以及哪个用户人群的转化是最高的。在品牌产品保持高速增长的过程中，用户画像是会随着用户规模的增长而不断变化的。比如，徕芬在早期进行广告投放的过程中，男性用户居多，在高速增长的过程中，用户画像逐渐发生了改变，最终演变为男女比例各占一半。而且在增长的过程中，我们还要洞察有没有新的机会人群，有的用户人群可能基数很大但是转化率没有那么高，有的用户人群基数不大但是转化率往往很高。同时要注意贴近用户，对用户群体画像有一个真实的认识。

测试了单品的转化，再通过对广告投放后多维数据的复盘，我们可以清楚地知道我们后期可以承受以什么样的成本去获得一个新的用户。

在有了大量的购买用户后，我们要进一步通过技术和数据的手段去做社交媒体及电商渠道评论的词云分析。如果产品已经在电商平台上开始销售，那么我们就可以将所有用户的评论收集归纳整合，做一个具体的词云分析，从中就可以看到真正购买我们产品的用户到底在说什么，用户为什么购买我们的产品，他们更加在意产品的哪些优点和缺点。另外还可以做电商搜索词分析，了解消费者购买Cerakey的产品及购买Cerakey竞争对手的产品时，不同的人群，到底是搜索什么词进入店铺的。电商的搜索词代表了用户最直接、最明确的需求。我们要看到搜索哪些词的人最终下单购买我们的产品。通过这样的方式，我们可以更精准地做到对Cerakey目标人群的洞察。

那么，针对卖点我们应该提供怎样的场景及直观的用户体验？如何测试和优化？

首先，我们要进一步细化人货场，明确这些场景怎样变成和消费者沟通时的内容素材，以怎样的角度去结合。其次是在筛选达人时，要根据目标用户画像去筛选相匹配的KOL人设，同时要做一些自然的投放，通过不同的投放内容了解到底什么样的内容才能更吸引用户。在投放的过程中要明确拿什么内容去测试，也要明确要去测试哪些数据，因此在测试之前就要看看我们设定好的环节和指标，哪个环节表现不好，通常就要归因到哪个方面。以此来推断我们基于什么样的标准给达人创意简报，来完成共创。我们要基于行为链路去设定测试指标，了解消费者在看完我们的广告后，他们的具体行为有哪些，有没有进入产品的详情页面，有没有进行"加购"，有没有领取产品优惠券，有没有进行购买，等等。我们通过长期的监测，可以明确地知道经过一段时间后，通过广告的再次投放用户有没有形成二次购买。我们要验证到底哪个人群是我们的核心人群，验证用户人群看重的产品卖点，验证超级爆款内容的元素结构。

那么在做好物分享、产品测评、创意搭配的时候，我们是怎么选择达人的呢？选择依据是表现力、性价比、广告力和成长力。通过这几个指标就可以判断达人是不是有足够的内容制作能力和内容传播力，广告的表现力够不够好，是不是可以进行带货。有一些达人虽然粉丝比较少，但是内容制作比较精良，内容互动性都比较高，粉丝呈现逐步增长的趋势，这类达人是有很大的成长空间的。当然这只是传播手段的一部分，在传播的过程中还是要贯彻执行我们前面所提到的服务理念，用心服务消费者，用心倾听消费者的反馈并给予积极的回应，消费者是能够感受到的。

在Cerakey产品初创期，因为是一个全新的产品，需要开创一条全新的供应链，产品在生产过程中难免会遇到一些问题，消费者拿到手中的产品偶尔会有一些瑕疵。但是我们始终秉持一定要把好的服务带给用户的原则，一旦出现瑕疵产品我们承诺立即换新或者退款，并真心向消费者道歉，直面我们的错误，也和消费者坦诚地沟通我们目前面临的一些问题。好的服务和有效传播是密不可分的，在传播的过程中不要把传播当作一个营销项目，而是应该把传播当作与消费者面对面沟通的方式，借此服务好用户，传递有价值的信息。

09 互动与口碑

在当下移动互联网时代,想要成就一个优秀的品牌,互动和口碑缺一不可。

从某种程度上讲,当下我们做的每一个和消费有关的决策,几乎都和品牌与消费者的互动及口碑息息相关。无论是外出吃饭、理发,还是在网上购买某款心仪的产品,人们常规的路径是先询问身边的亲人、朋友的意见和看法,然后在各个社交媒体上查看相关KOL对产品的测评,再去产品的购物链接下面翻阅已经购买过该产品的消费者对产品的使用反馈,即产品的口碑,最后决定是否购买。现在人们吃饭前会去看美团、大众点评的评论，购买产品前会去看淘宝、京东、拼多多等平台上的评论，口碑对于所有品牌来讲无疑都是最重要的资产，因为用户是通过口碑来决定是否购买产品的。口碑又与品牌的互动及消费者的参与密切相关。那么当下，品牌应该以怎样的方式与消费者保持互动呢？我们给出的答案是：和用户做朋友。只有像朋友一样充分认识到消费者的真实诉求，快速地对产品做出迭代升级，品牌才能够被消费者认可。只有像朋友一样和消费者真诚地沟通交流，而不是以一个高高在上的身份在某个关键节点形式化、套路化地宣传和营销，品牌才能够长久保持活力。

Kickstarter、Indiegogo等海外众筹平台上几乎每天都有很多新的品牌产品在进行众筹，有的品牌发起众筹的次数高达十几次，且众筹金额越来越高。以机械键盘品牌Keychron为例，其品牌在Kickstarter上共计众筹14款产品，累计众筹金额达7 320 080美元。为什么这些品牌能够在长时间里始终保持着不错的销售增长态势？关键点就是品牌已经逐步建立起非常不错的口碑，已经充分获得了消费者的信赖。移动互联网时代，信息传播的特点是快速化、透明化、公开化，任何消费者都可以随时参与其中，任何关于产品或者品牌的反馈都会在第一时间在网络上传播，有时候一条内容的反馈影响都是巨大的，好的口碑可以成就一个品牌，坏的口碑可以毁掉一个品牌。以2023年国内某一线主播在直播间的一句"79块钱哪里贵了"为例，这种触动消费者情绪的不当言论，当即就让品牌差点"塌房"，品牌方随即接连道歉，直播间销量应声而跌。根据相关数据显示，事件发生后，该品牌抖音直播间的销售额相比之前减少了一半左右，该品牌的口碑可能再也回不到当年的"国货之光"上去了。

与之相反的则是2023年淄博烧烤的爆火，移动互联网时代信息的快速传播及大量消费者的参与，让淄博烧烤名声大噪，口碑持续提升。抖音上一位名叫"Mr_木"的博主发布的名为"淄博烧烤的正确吃法"的视频获得了19.1万的点赞量，并被转发22.4万次。这种"种草"效应让越来越多的人了解了淄博烧烤，并对其产生浓厚兴趣。淄博烧烤的火爆吸引了大量游客前来品尝。铁路部门的数据显示，仅2023年3月5日，淄博站的到达旅客就有21655人次，发送旅客有26303人次，其中发送量一度创下近3年来单日最高纪录。这一现象表明，淄博烧烤在美食圈已经成为"新晋顶流"，不仅吸引了大量游客，还成就了一个新的网红城市。诸如此类的案例还有很多，有着"橙中茅台"之称的水果品牌"褚橙"，以其独特的口感吸引了大量的消费者，很多消费者品尝后纷纷给予好评，褚橙也在良好的口碑传播之下越卖越火，甚至"一果难求"。又如清洁家电品牌石头科技，凭借着其出色的清洁产品力在国内外市场都赢得了良好的口碑，时至今日已经成为全球清洁家电头部品牌。

品牌形成良好口碑的关键要素是优秀的产品、良好的用户关系及持续不断的互动运营，三者缺一不可。

1. 优秀的产品

优秀的产品是品牌营销的根基。如果产品的品质不行，另外两个关键要素也就无从谈起。以淄博烧烤为例，其成功最重要的因素还是口味，好吃是一切的前提。因为好吃，再加上各种与时俱进的创新吃法，如小饼卷大葱、烧烤蘸酱等，淄博烧烤才能迅速出圈，享誉全国。

2. 良好的用户关系

良好的用户关系包含着新、老用户关系。其中，核心老用户是口碑传播的关键，服务好老用户就是要解决老用户的问题，说到做到，并且把握好分寸。以Cerakey为例，其第一代产品刚刚推出的时候，一部分消费者是抱着尝鲜的想法购买产品的，还有一部分是产品坚定的支持者。对于初创企业来讲，很多时候受制于各种原因，产品在刚推出时还做不到尽善尽美，这些愿意支持新产品的老用户是非常宝贵的，所以除了市场整体的反馈，要尽可能优先解决老用户的反馈。比如Cerakey一代产品存在包装不够精美、一些产品细节存在小瑕疵、售后反馈不够及时等问题，所以Cerakey在较短的时间内优先解决这些问题，二代产品不仅优化了产品包装，还增加了邮寄的外包装，更方便用户打开产品。在力所能及的范围内尽快地解决问题，能提升新老用户的感知度，让用户感觉品牌方有认真倾听他们的反馈，并且愿意做出改变，这样他们才会像朋友一样真心地去为品牌进行传播，帮助品牌维护口碑。品牌和消费者一样，彼此之间需要存在一种信任关系，用户对于品牌的信任度越高，就更愿意主动去帮助品牌建立口碑。传统的企业和用户之间的关系，要么是企业高高在上、用户爱买不买，要么是用户高高在上、企业求着用户去买，从长远来看这两种关系都不会长久。只有真正让用户参与进来，充分和用户进行沟通交流，和用户像朋友一样讨论产品，用户才能和企业或者品牌产生深度联结，品牌才能长久。

3.持续不断的互动运营

除了良好的用户关系，品牌学会构建用户的参与感也是十分重要的。构建用户的参与感的首要条件是产品本身是规模化的爆品，否则关注的用户少，参与感也就无从谈起。其次是品牌要学会运营粉丝，运营好自身的私域流量，做好自身的粉丝文化，粉丝文化的本质就是要让支持品牌的粉丝长期获益。比如一些较大的品牌会有自己的粉丝节，在粉丝节这天会举办很多的福利活动，让利给粉丝，而粉丝节本身就是一个非常好的内容传播话题，话题之外是无数粉丝在自发地制造内容、传播内容，进而去影响品牌的口碑。最后品牌要学会运营好品牌的自媒体官方账号，做好内容运营。做内容运营一定要遵循以下几个原则：一是内容有用，能够给用户提供全新的知识点或见识；二是内容有情绪，能够给用户提供一种情绪价值，让用户感同身受；三是内容有直接价值，能够给用户提供有关产品的实实在在的福利。

用户更愿意转发有个性的情感输出及有价值的内容，用户也能更好地从中感知品牌的温度。以Cerakey为例，在2023年LPL全球总决赛比赛期间，Cerakey制作了一些内容，就很好地与用户产生了共情与互动，如"LPL登顶山海、WBG必胜！""如果LPL夺冠了我们就送100套产品"。一方面作为品牌方与用户玩家站在一起期待中国战队夺冠；另一方面也拿出一部分奖品让玩家真正参与其中，享受比赛带来的乐趣，以及让粉丝在比赛之外感受到品牌方的态度。这些内容在相关平台都有着很高的播放量与很好的互动。

在做内容的同时我们首先要思考如何完善用户分享的相关机制，鼓励用户主动分享与品牌、产品等有关的信息；其次要思考通过什么样的方式扩散口碑。一般来讲，我们可以通过对品牌或产品认可的核心用户来营造活动氛围，还可以基于核心用户一起创造相关的内容话题，让新用户参与进来，促进口碑的进一步扩散。

如上所述，口碑营销和互动营销在品牌营销中的地位越来越重要，大量用户的互动和参与能够帮助品牌建立起良好的口碑与形象，提高品牌的整体曝光率，进而增加品牌的销量和利润。

关于如何吸引更多的用户参与品牌活动，要做好一些基础的准备工作，如作为品牌方我们要了解我们的用户喜欢什么样的活动形式，评估一个可执行的营销活动，等等。在开展互动营销活动时，我们一定要避免以下几个点。

第一点是品牌方在用户福利上表现吝啬。比如常规的社媒抽奖活动，很多品牌方好不容易举办一次抽奖活动，但是设置的奖品往往只有一个，用户的中奖率不够高，大家也就不会积极地参与。而有的品牌方不出手则已，一出手就十几个甚至几十个奖品，用户觉得中奖率高，自然就更加愿意参与。

第二点是设计互动营销活动时门槛设置过高，每多增加一个动作，流量就会相应地减少。比如有的互动营销视频可能仅仅只需要一键转发就可以参与活动；有的互动营销视频会设计互动的问题让用户参与选择，虽然形式是好的，但是愿意花费时间参与活动的用户却减少了。

品牌通过互动营销获得了用户的喜爱和信任，用户就有可能成为品牌的忠实粉丝，从而为品牌带来更多的商业机会。如众所周知的支付宝互动营销活动"集五福"，在刚推出AR扫福字的时候，这个活动一举成为新的全民年俗活动，无论男女老少，大家都参与其中，并且引发了广泛讨论。每当有朋友集齐五福，就一定会发个朋友圈炫耀一下。不得不说支付宝的这个互动营销活动一举帮助品牌取得了难以估量的商业价值，收获了空前的好口碑，与此同时越来越多的用户也开始使用支付宝。

再回到口碑上来，线上品牌口碑的外在表现形式一般多为用户的评论，如品牌在淘宝的评论、京东的评论、小红书的评论、抖音的评论等，这些都是消费者在购买产品后公开发表的对于品牌产品质量、物流速度、服务态度等各个维度的整体评价。如果品牌方在各个层面都做得很好，就会在评论区收获大量的好评，新的消费者看到后会果断下单购买；如果评论区存在一些负面评论，新的消费者往往会选择其他品牌。

由此我们可以感知到，口碑等于评论，等于信任。在一些大饭店里，饭店的老板往往会把名人或常客来店消费之后的题词、墨宝、留言或照片悬挂在大堂中，好让其他顾客能看到，这种做法与线上评论展示在本质上是相同的，都是希望让消费者感知饭店的信任背书。

口碑是从消费者的期望值与实际使用体验之间的差值中得来的。如果消费者的期望值大于实际使用体验，就会给出差评。如果消费者的期望值小于实际使用体验，或者实际使用体验超出期望值，就会给出好评。如果两者相等，用户体验里不会有差评，但可能也不会有好评。

这也正好说明，品牌要不断给用户创造惊喜，要提供超出用户预期的体验，同时也告诫品牌一定不要做虚假宣传或过度宣传。

举个现实中的例子，现在很多商场里都会有一些装修得非常好的餐厅，而且餐厅常常打着米其林甄选店铺的名头。消费者看到这个宣传，期待值就会很高，因为在消费者的认知当中米其林餐厅的菜品好吃好看，装修环境高端大气上档次，整体的服务态度细致周到。但是很多时候消费者进入餐厅后的实际情况是，除了菜品的客单价在消费者的预期范围之内，其他重要的方面都没有达到消费者的预期，菜品口味没有达到预期，整体的就餐环境也相差甚远，更关键的是服务态度机械化、形式化，缺少真诚和热情，消费者用餐后往往感叹："完了，上当了！这钱花得真不值，我再也不会来了。"这也是为什么很多商场里的餐厅反反复复地在装修、在替换。对于餐厅来说，口碑太重要了。淄博烧烤占据全网热搜的时候，有一个村子里的大爷因为卖的烧烤比较好吃，吸引了很多来自天南海北的人开着车去村子里吃这位大爷做的烧烤，这就是口碑的力量。

综上所述，企业和品牌要想做好口碑和互动，首先要给消费者提供满意的产品和服务，这是一切的基础，只有消费者真正满意，他们才能成为品牌忠诚的粉丝，才会愿意主动分享关于品牌的内容，维护品牌的口碑。其次是积极回应广大消费者，企业应当从消费者的反馈中去思考哪些方面还需要提升，哪些细节还有待优化，从而不断完善产品和服务，让消费者的满意度和忠诚度越来越高。再次，企业要学会建立自身的品牌形象，不要盲目地蹭热点，不要为了短暂的利益去打擦边球，要时刻保持良好的形象，谨言慎行，否则一旦出现污点，品牌形象就很难维持。最后，品牌要持续不断地给消费者提供独特的产品和服务，差异化的产品和服务不仅可以吸引更多的粉丝，还可以提高品牌的口碑，提升其在市场中的影响力。

时至今日，口碑与互动越来越重要，已经成为企业生存发展的基础。赢得身边人，服务好老用户，持续不断地和用户产生互动、联结，才是品牌经营的长久之计。

不争第一，只做唯一

提到动作电影，提到全球最有影响力的中国功夫影星，我想立刻映入大家脑海的就是那个创造了无数奇迹的名字——成龙。年满70岁的成龙依旧活跃在影坛，这个拿了奥斯卡终身成就奖的男人为什么这么成功？他对成家班反复说过的一句话是他成功的关键因素："不做第一，只做唯一。"这句话背后的道理值得我们深思。成龙说，在他没有成名之前，大家只知道李小龙，所以很多人让他去模仿李小龙。但是成龙知道自己永远不可能成为李小龙，因为李小龙的风格是独一无二的，是无可替代的。要想给广大的观众留下深刻的印象，就必须有属于自己的风格。

商业领域同样如此。很多品牌方一味模仿竞争对手，看到竞争品牌做了什么样的营销动作，就立刻跟风去做，对方做了什么样的产品，就立刻跟风去抄，但却忘了自己的核心竞争力是什么，忘了作为品牌方应该关注用户真正的需求。品牌如果总是一味地相互对比，只会导致竞争越来越惨烈。

为什么"不争第一"呢？因为"第一"随时有可能会被取代。只有"唯一"才不会被取代，只有"唯一"才能够占领用户心智，从而牢牢稳固市场地位。

怎样做到"唯一"呢？就是要建立自身的核心优势。对于绝大多数公司来说，其核心优势就是做一款好的产品。产品既要真正满足消费者需求，又要做到高质量和低成本。

随着市场竞争的日益加剧，行业的高度细分，企业只有基于用户洞察做到了"唯一"，才有可能成为某个细分领域的"第一"。"唯一"是企业的护城河，有了"唯一"企业才有核心竞争力，才有可能做到不被取代，才有可能生存得更为长久。

三五二环保科技有限公司（以下简称352）是一家专注于空气和水净化领域，为用户提供洁净空气和水整体解决方案的创新型科技公司，2014年4月创立于北京。品牌352源自成语"三下五除二"，意喻迅速快捷、干净利落地解决空气和水污染问题。352坚守"为用户解决问题"的原则,系列产品包括空气净化器、新风机、防霾口罩、汽车空调滤芯、车载净化器、空气质量检测仪、直饮反渗透净水机、水龙头净水器等。

基于市面上现有的产品总是达不到消费者的预期,解决不了消费者的痛点,352的每款产品准备时间至少在2年以上,以352的X66空气净化器为例,在与其合作的过程中,我们共同梳理出以下7个打动消费者的核心卖点。

一是吸附分解,双效除醛。产品采用氨基类活性材料,可将甲醛吸附并分解。甲醛去除率达99%。

二是智能甲醛多数显。采用5重传感器,精准检测及显示室内甲醛、PM2.5、温度、湿度及TVOC浓度。

三是LCD智慧屏显。双模式记录:当甲醛或PM2.5浓度超标后,屏幕将切换为曲线模式,记录净化过程,净化效果看得见。

四是智感模式。可根据室内空气质量,包括甲醛、PM2.5浓度,智能开关机净化。当污染物超过设定阈值,自动开机净化。当净化完成后,自动待机监测。

五是全新过滤系统:H13滤纸+溶菌酶。产品采用H13级进口滤纸,添加溶菌酶因子,主动拦截细菌、病毒、过敏原等有害颗粒物,同时破坏其细胞壁,起到灭杀作用。

六是低噪声净化。睡眠挡噪声仅为33分贝，不会打扰夜间休息。

七是滤芯到期提醒：内置RFID智能芯片，自动监测滤芯寿命，到期后主动提醒，自动演示更换步骤教学，更换完成后自动更新寿命。自带脚轮，机器顶部可拆卸，清洗方便。

352的技术创新性，才是不断打动消费者的重要因素。对352而言，最重要的事情就是为用户提供一个好的产品。在352内部有这样一个理念：服务托底。就是通过服务把所有客户认为有问题的地方都弥补掉，让消费者更舒心。简单来说，就是在产品使用的过程中出现的所有问题，352都会帮你解决。虽然产品在使用场景和环境上有差别，可能会出现各种没有达到消费者心理预期的情况，但是只要消费者感到不满意，只要产品出现质量问题，都可以把产品退给352，哪怕机器被使用了一段时间同样可以退货。这个保证尤其具有说服力，也是352品牌的独特之处。

其实人们购买的不是产品本身，而是购买产品带来的好处。当产品好处明显时，消费者更容易产生购买决策。

日本家电品牌巴慕达的发展之道，亦有着其独特的"唯一性"，同样值得我们学习和思考。市面上大多数的家用电器产品宣传都是以产品性能为主，但在强调产品性能带给消费者便利的同时忽视了产品的外观设计。除此之外，还有一部分家用电器产品被归类为"时尚家电"，在外观上做到了简洁、美观及独特的设计性，但是在性能方面又表现平平。而巴慕达选择了一条难度更高、更"唯一"的方式去创造产品，即既保证产品的功能性，又在外观上保持设计语言的简洁。巴慕达将自己的产品定位为"让人们更好生活的道具"，简而言之就是好看、好用，真的给消费者创造了使用价值，带来了真正意义上的使用便利。巴慕达这种让广大消费者感受到产品"所有的便利"的特点，就是其真正意义上的"唯一性。"

以巴慕达设计的GreenFan为例，其产品本身做到了"唯一性"，即为消费者提供自然的柔风。而且其产品设计简洁轻便，摆脱了电线的束缚，在任何地方都可以使用；商品表面增加了镀膜，只为让消费者在使用过程中触摸到产品时，其传达的触感更有质感。更为重要的是，为了让其产品在使用场景中更加自然，巴慕达在产品上取消了其标志性的绿色圆形LOGO，这种"舍弃"是绝大多数公司都做不到的。

而正是这种独属于巴慕达的创造产品的方式，从方方面面让消费者感受到产品的好处，才使得巴慕达保持了高速的增长，收获了更多消费者的青睐。

很多日本企业在企业经营及产品制造上都有值得我们学习和思考的地方。再如任天堂游戏《塞尔达传说：王国之泪》，它用惊人的成绩证明了自己是游戏界独一无二的存在。据统计，2023年5月12日正式发售的《塞尔达传说：王国之泪》在发售短短3天的时间内，就已经卖出超过1000万份，而这一数字仍在以惊人的速度攀升。1000万份是很多游戏总销量都达不到的成绩。任天堂的社长岩田聪曾说："在我的名片上，我是任天堂的社长；在我的脑海里，我是一名游戏开发者；而在我内心深处，我是一名玩家。"任天堂的唯一性就在于他们创造产品的理念——只做好玩的产品。

任天堂的这个理念非常重要，它回归了问题的本质。游戏产品的核心就是趣味性，就像小时候我们爱玩的捉迷藏、老鹰抓小鸡，为什么有那么多人玩，因为互动性强，因为确实很好玩。趣味性是可以分享和传递的，这也是游戏设计的初衷，所以任天堂从 Game & Watch、FC，再到现在的 Nintendo Switch，始终秉承着"只做好玩的产品"的理念来创造产品，因为好玩，所以用户才会越来越多。一次的坚持并不难，难的是面对市场的诱惑，任天堂始终坚持其产品创造理念。就像很多玩家说的："任天堂是游戏界唯一的神。"虽然这句话有些夸张，但也从侧面体现了任天堂的"唯一性"。

国内同样有一家这样的品牌，也有着独特的"唯一性"，它就是我们团队最初的手机品牌合作伙伴——vivo。受全球新冠疫情（简称"疫情"）及手机市场份额下滑影响，诸多手机厂商的手机出货量或多或少出现一定程度的下滑，反观vivo，不仅出货量稳定，而且还在稳步增长，这种现象和vivo的经营理念息息相关——本分。本分是vivo最核心的价值观与护城河。

vivo的企业愿景就是企业活得健康，活得长久快乐。vivo会去思考本企业周边围绕着哪些人，做哪些动作能让大家都感到开心。经过梳理，vivo发现有四个直接利益相关者，分别是消费者、员工、商业伙伴和股东。如何让利益链条上的大家都感到快乐呢？为消费者提供优质的产品和服务，为员工营造和谐、相互尊重的工作氛围，为商业伙伴提供公平合理的合作平台，为股东的投入获得高于社会平均收益的回报。vivo在努力地提高自身在消费者心目中的感知价值和品牌价值，以及产品带给消费者的利益点，其中最为重要的是提供超出消费者预期的产品，无论对于消费者还是企业而言，产品永远是第一位的，消费者愿意为品牌、产品和服务支付价格上限。

vivo在产品销售的过程中，始终坚持服务好消费者、零售商及导购员。对于销售来说，正确的思路是首先回归到以购物者为中心的零售场景来开展销售工作。有四股力量会影响消费者的最终决策，即产品拉力、零售商推力和导购员推力以及品牌拉力。例如在线下门店鼓励真机陈列，反对机模陈列，因为真机对消费者而言体验感会更加真实，通过类似的种种举措增强产品拉力。再如vivo每年举办"回家之旅"，表彰全国各地的"优秀销售""优秀导购""优秀督导""优秀店长""优秀城市总经理""优秀专项经理"等。vivo"回家之旅"作为vivo一线销售的最高荣誉盛会，每年的举办不仅仅是对到场的一线销售人员的认可与鼓励，更是对全国甚至全球超过10万的一线销售人员的精神指引，这种活动可以显著增强零售商推力和导购员推力。一般而言，消费者在进入门店之前已经做了大量的产品信息搜集工作，做好了对产品的心理预期，所以在消费者进店之前就需要投入大量的营销动作，比如投放的TVC广告，不应该是冷冰冰的技术与数字的展示，更重要的是传递好的情绪，传递好的价值，通过类似的举措提升品牌的拉力。

可以看到vivo做到了在整个利益链条上让大家都获得物质和精神价值，这就是vivo的"唯一性"。

如今国内市场产品同质化越来越严重，竞争也越来越激烈，作为企业或者品牌方最应该做的就是面对消费者的真实需求，挖掘和制造消费者真正想要的"唯一性"产品，打造自己的个性品牌。在当下市场中，品牌必须首先做到"唯一性"，才有可能成为细分领域的"第一"。"唯一性"是品牌的核心竞争力。

初创品牌Cerakey便是如此，Cerakey推出的全球首款由陶瓷制成的键帽套件，具有更好的耐磨性和抗冲击性。Cerakey首款产品一经发布，在短短的一个多月内就收获了大约1000万元的销售额。在此之前，Cerakey的这款产品已经测试研究了大概一年多的时间，品牌方辗转全国各地反复测试原料及颜色方案，只为做出一款不一样的产品。Cerakey不断研发新的材料和颜色方案，积累了大量与陶瓷相关的工艺经验，立志做成年人的陶瓷玩具，其愿景及其产品也有着"唯一性"。

好的品牌或产品一定是在创造价值的。

好的品牌或产品，其产品好处一定是明显的。

好的品牌或产品一定是传递好的情绪的。

好的品牌或产品一定是有其唯一性的。

三

营销实践

品牌内容的视觉调性

每个品牌的内容都要拥有属于自己的视觉调性，因为这是品牌占领消费者心智的一种有效方式。如果将品牌比作一个人，要使其在茫茫人海中被人一眼认出，那么这个人就要足够亮眼，或是长得漂亮，或是在穿衣风格上独树一帜。对于品牌来说，要想在品牌林立的市场中被消费者一眼识别，就需要有与众不同的品牌调性。品牌内容的不断传播是品牌调性逐步建立的过程，它代表着一个品牌一种长久的外在形象，品牌以什么样的调性示人，品牌在消费者心中就是什么形象。

因为产品是品牌的核心内容，所以最能体现品牌视觉调性的就是品牌TVC视频。以运动品牌耐克为例，我们可以看到耐克的TVC视频永远都展示着富有激情、积极运动的人们，他们传递着一种积极向上、勇于挑战的运动精神，所以消费者购买耐克的鞋子，本质上并不单单是在购买一双鞋，还是在追求耐克品牌TVC视频中传递的运动精神。这正是耐克品牌TVC视频长久以来传递给消费者的品牌调性，消费者也希望自己如此。

虽然短视频时代的来临让自媒体承接了大部分品牌推广的重任，但品牌TVC视频依旧是品牌内容营销中不可或缺的一部分，是帮助品牌塑造品牌质感、建设品牌良好调性的必要内容。作为品牌方要在品牌TVC视频中展现出以下几点，才能帮助品牌塑造良好的品牌形象，即在品牌TVC视频中做到产品专业化、情感真实化、场景多元化和品牌视觉内容规范化。

首先是产品专业化，因为许多初创品牌最主要的还是通过自身产品传播品牌调性，所以在产品TVC视频中往往更注重展示产品的卖点。随着移动互联网时代的到来，消费者对于专业知识触手可及，用户变得越来越专业，所以品牌要在其品牌TVC视频中实事求是，避免夸大自身产品卖点。否则遇到较真的专业用户，品牌方塑造的专业化内容一旦被推翻，品牌专业形象将不复存在。市场上往往会有一些胆大的品牌方提出一些伪科技名词和概念，或是夸大产品卖点，改动一些产品参数值，这些做法都是不可取的。如前面所说，品牌方以什么样的内容示人，就会在消费者心中树立什么样的形象，一旦树立的形象被推翻，那么品牌调性也就不复存在。

其次是情感真实化。众所周知，品牌调性是品牌资产的一部分，而产品价值及产品提供的情绪价值，正是品牌调性的核心价值，所以品牌内容是否注入真情实感，消费者是可以真实感受到的。一方面，真情实感可以让品牌更具温度；另一方面，也能够打动消费者，让消费者从价位的维度回归到品牌的温度上来，为品牌创造更多的议价空间。

再次是场景多元化。打造好的品牌调性，仅仅凭借高大上的场景或酷炫的视频内容是不够的。品牌必须要对自身有着清晰的自我认知，需要围绕着真正的品牌理念，探索更加具体的内容标签，使品牌调性具象化，有时候仅使用一些空洞的词语，如"科技感""高级感""生活化的场景氛围"等来描述产品是远远不够的，因为每个人对这些词语的主观感受是不同的，因此需要以更加具象的视觉标签，如颜色、形状、情绪等作为参照物。品牌要建立属于自己的独有的视觉模型，同时要根据自身用户画像的行为习惯去做视觉场景还原，避免品牌"自嗨"，要做到让用户感同身受，有参与感，有代入感。

最后是内容规范化的问题，这一点尤为重要。品牌需要规范视觉调性，使用规范性的文字、排版、颜色，从而保证在长期的品牌营销中输出视觉调性统一的内容。品牌视觉调性的建立是一个长期的过程，需要不断沉淀，更需要清晰准确的表达，这样才能够更好地结合产品、情感，给消费者带来不同的感知体验。

以国民品牌352为例，对很多消费者来说这个品牌是非常陌生的，但是近两年大家越来越频繁地看到352产品的身影出现在各个公司办公室及亲朋好友家中，352好像慢慢地走进了大众视野。事实上，我们在刚接触352这个品牌时，同样感觉很陌生，更不知道352品牌的含义，只知道它是做空气净化和水质净化的企业。随着合作的进一步深入，我们才了解到352品牌的含义即"三下五除二，净化就是快"。352立足现有的商业环境，持续优化产品、供应链、渠道及内部管理体系，让"高品质国货"在空气净化、水净化行业成为现实，致力于让每个人都能享用安全洁净的空气和水。通过初步的调研，我们发现352品牌在品牌形象上显得过于产品化与传统化，难以吸引年轻消费者的关注。而年轻消费者是当前消费市场的主力军，如果品牌无法与他们建立有效的沟通和联系，就很难在市场上获得竞争优势。更何况以戴森、霍尼韦尔等为代表的海外品牌早就占据了消费者心智，所以要想打开市场局面，品牌的产品TVC视频是一定要做的。恰逢352的核心产品上市，于是我们决定以数字动画的形式全面展示352产品的核心卖点，营造出符合"三下五除二，净化就是快"的产品使用感受和氛围，给消费者带来一种全新的视觉体验。

我们收集了一些352消费者对品牌及其产品的反馈，很多消费者表示，352品牌产品丰富，设计感不错，服务也很到位。在北方，扬沙、雾霾等空气质量不好的状况非常普遍，还有一些室内装修导致的甲醛残留或者产生有害气体、过敏原等问题，352空气净化器都能够很好地解决，尤其是在有小孩、老人的家庭，其空气净化器是非常得力的电器，已经成为生活中不可或缺的助手。很多消费者表示，352是一个实力与颜值共存的有着超高性价比的品牌，不但技术过硬，而且价格合理。

以352的新款空气净化器X66C为例，其产品卖点包括：占地面积小，使用面积在40~70平方米，拼色设计，拉丝质感面板，正面加入了一块屏幕以显示工作模式、净化等级及运行时对室内PM2.5、甲醛等污染物的净化数值，等等。

那么，怎样通过TVC视频展示352品牌的视觉调性呢？经过团队成员的讨论，我们得出了具体的制作思路：首先通过三维数字动画展现352的产品设计语言，通过产品的设计语言引出352的品牌调性，并呈现出科技感和产品力。通过展示352产品的工业精度让消费者感受到产品的质量，通过对产品力的感知，消费者既能了解到产品是怎样解决空气污染问题的，也能够深入了解产品的功能。其次通过呈现产品细节，如颜色、材质、形状等，层次分明地展示出产品设计的完整性，传达出产品稳定耐用的特性。最后通过数字动画来展示产品的内部结构，真实还原产品的工作原理及运行过程，进一步向消费者说明机器是如何安全、高效、智能、严谨地工作的。TVC视频要通过创意画面及更直观的方式告诉消费者品牌自身的核心优势，塑造品牌调性。

确定整体的制作思路后，团队成员进一步细化了整个TVC视频的脚本，其逻辑非常简单明确：通过对暗色调场景内的甲醛和灰尘颗粒的净化，使空气质量恢复到正常水平，空气质量达标后，环境也由暗色调变得通透明亮。TVC视频通过前后对比来展现空气净化器的强效净化能力。具体大纲内容如下图所示。

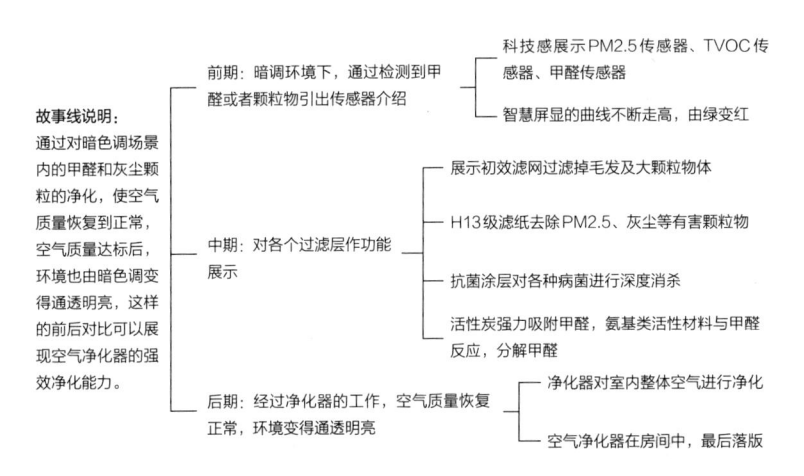

故事线说明：
通过对暗色调场景内的甲醛和灰尘颗粒的净化，使空气质量恢复到正常，空气质量达标后，环境也由暗色调变得通透明亮，这样的前后对比可以展现空气净化器的强效净化能力。

- 前期：暗调环境下，通过检测到甲醛或者颗粒物引出传感器介绍
  - 科技感展示PM2.5传感器、TVOC传感器、甲醛传感器
  - 智慧屏显的曲线不断走高，由绿变红
- 中期：对各个过滤层作功能展示
  - 展示初效滤网过滤掉毛发及大颗粒物体
  - H13级滤纸去除PM2.5、灰尘等有害颗粒物
  - 抗菌涂层对各种病菌进行深度消杀
  - 活性炭强力吸附甲醛，氨基类活性材料与甲醛反应，分解甲醛
- 后期：经过净化器的工作，空气质量恢复正常，环境变得通透明亮
  - 净化器对室内整体空气进行净化
  - 空气净化器在房间中，最后落版

该视频发布后，效果非常好，消费者通过产品TVC视频感受到了352品牌在产品研发层面的创新和用心，也进一步直

观地感受到了352产品的高品质和高性能。

除了X66C空气净化器，352品牌还另外生产了X63C宠物空气净化器。针对养宠用户，X63C宠物净化器都做了哪些设计呢？我们又该如何通过产品TVC视频来进一步塑造352的品牌调性呢？首先X63C宠物净化器是一款偏向养宠家庭的产品，比起冰冷的技术展示，我们需要展现的是让并不那么"技术宅"的用户都能轻松把握的产品特点，因此，我们认为这条视频的内容应该80%表现产品趣味互动，20%表现产品技术。在整个视频的创作思路上，在展现针对宠物家庭设计的功能的基础上，适当减少技术解说环节，让视频内容不那么"硬"。相比前代产品视频，这一次我们将画面内容更多地集中在环境交互和创意要素上，视频风格及配乐整体更加轻快明亮、治愈且充满活力。在保留X63C使用场景的基础上，增加了毛绒玩具元素，在场景元素上和"毛孩子"们联系起来，整体环境更加明亮、干净，呈现温馨、舒适的感觉。具体的叙事逻辑如下图所示。

通过视频内容我们可以看到X63C确实是一台适合养宠家庭的专用空气净化器，不仅能够过滤分解异味，还能够吸附空气中的毛发，彻底解决毛发满天飞的用户痛点，立方体的机身、白灰色的色彩搭配也更加简约大气。这对于品牌352来说，只是在品牌调性方面刚刚走出了第一步，品牌调性的建立是一个长期的过程。品牌只有时刻注重与用户的沟通和交流，及时了解用户的需求和反馈，不断改进产品和服务，才能够成为消费者喜爱的品牌。

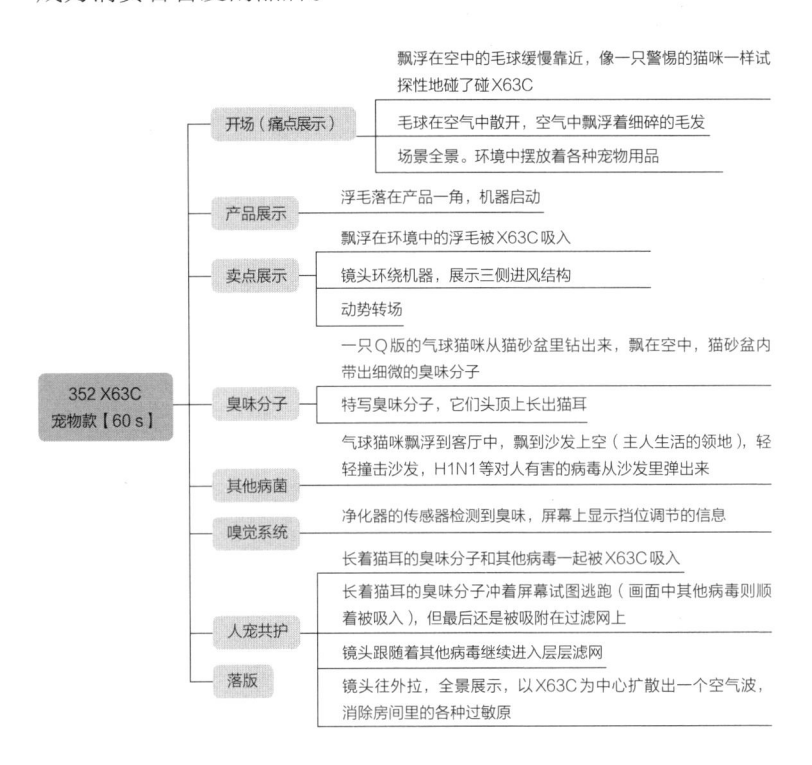

352 X63C 宠物款【60 s】

开场（痛点展示）
- 飘浮在空中的毛球缓慢靠近，像一只警惕的猫咪一样试探性地碰了碰X63C
- 毛球在空气中散开，空气中飘浮着细碎的毛发
- 场景全景。环境中摆放着各种宠物用品

产品展示
- 浮毛落在产品一角，机器启动

卖点展示
- 飘浮在环境中的浮毛被X63C吸入
- 镜头环绕机器，展示三侧进风结构
- 动势转场

臭味分子
- 一只Q版的气球猫咪从猫砂盆里钻出来，飘在空中，猫砂盆内带出细微的臭味分子
- 特写臭味分子，它们头顶上长出猫耳

其他病菌
- 气球猫咪飘浮到客厅中，飘到沙发上空（主人生活的领地），轻轻撞击沙发，H1N1等对人有害的病毒从沙发里弹出来

嗅觉系统
- 净化器的传感器检测到臭味，屏幕上显示挡位调节的信息
- 长着猫耳的臭味分子和其他病毒一起被X63C吸入

人宠共护
- 长着猫耳的臭味分子冲着屏幕试图逃跑（画面中其他病毒则顺着被吸入），但最后还是被吸附在过滤网上
- 镜头跟随着其他病毒继续进入层层滤网

落版
- 镜头往外拉，全景展示，以X63C为中心扩散出一个空气波，消除房间里的各种过敏原

12 回归本质

作为品牌方,不论是做营销还是做产品,都要坚持独立思考,回归事物本质,凡事亲力亲为。

首先,在营销层面最重要的是获取有效流量,品牌方的一切营销手段都是为了获取有效流量。品牌方在选择营销渠道、推广方式或内容创意之前,一定要明确该行为是否能够带来有效流量,因为只有有效流量才能够实现转化。在品牌初创期,曝光、播放等的相关数据都没有那么重要,有流量转化才是最重要的,有转化才能够创造价值,带来利润。

其次，对于所有品牌方来讲十分容易忽视的一个因素就是时间，这里提到的时间不单指花在营销上的时间，而是品牌方必须考虑如何节省和优化时间成本。古语有云："兵贵神速。"谁最先登陆市场，谁就有先发优势，品牌方无论是做产品还是做营销一定要重视时间，重视回报。如何通过最小成本，在最短时间内完成产品验证，测试营销渠道、营销方式及营销内容才是重中之重。在市场中有先发优势的品牌往往能聚拢更多的资源。就像我们生活中经常提到的例子，我们只记得谁最先登上了月球。同样，在商业市场中，我们只记得苹果率先推出了智能手机。先发优势在很大程度上能帮助品牌占领用户心智。对于品牌方来讲，品牌初期不要追求完美，要追求的始终是利润，是如何更好地生存下来。

再次，品牌方要有数据思维。在我们接触品牌方的过程中，我们发现很多品牌方是没有数据思维的，或者有些品牌方只看重数据，这都是不对的。数据思维不等于只看数据，数据对于品牌方来说只是一个参考，品牌方要时刻根据数据思考其背后的含义是什么。数据在一定程度上意味着科学的、客观的反馈，反映了营销过程中存在的实际问题，品牌方要具体问题具体分析。例如，品牌方在视频内容营销中只关注B站的视频播放量和转发量是没有太大意义的，因为转发播放的数据好不等于宣传效果好，品牌方要关注的是每个营销动作和每个视频能够给网站带来多少有效流量。我们要通过数据了解我们的视频被推送给了哪些人，这些人在什么地方，他们有什么样的共性特征。我们要以数据为参考，但是不能只关注数据本身。我们还要明确具体的策略，在品牌的不同发展阶段我们要关注的方向也是不同的。比如在品牌发展初期，产品还在萌芽阶段，我们最应该通过数据关注具体的转化情况；在品牌发展中期，我们要根据数据去关注产品的优化和升级方向；在品牌和产品的成熟期，我们要关注如何持续优化产品及营销手段，通过数据去挖掘市场上的新机会。

以Cerakey为例，在产品发展初期，我们更多的是通过数字广告和联盟广告去完成转化，尽可能地利用好每一分预算。在市场打开后，我们逐步开始通过一些别的广告方式来进行营销。在营销的过程中，通过大量的用户反馈了解用户希望品牌在产品上做出怎样的改进，以及他们需要什么样的产品，我们便能据此梳理产品迫切需要提升的点，逐步进行改进和完善。

怎样能够回到做营销的本质呢？下面是我们经过思考，归纳的一些方法。核心是"坚持做正确的事情，并把事情做正确"。做正确的事情，意味着选对方向。例如前面提到，在营销过程中我们不要追求热点，不要盲目照搬其他品牌方的营销套路，而要找到适合自己的营销内容和营销渠道，这就是做正确的事情。把事情做正确，意味着要注重效率，用最快的速度找到最正确的方法。

我们要知道什么是对的事情，什么是不对的事情。对的事情是对品牌长期发展有利的事情，不对的事情是浪费和消耗团队资源的事情，从长久来看对品牌发展起不到作用的事情。举个例子，我们在营销的过程中经常会收到客户的各种反馈及品牌方的各种合作邀请，比如有的品牌方会想找我们定制一些专属的产品，报出的数量和价格都很可观。但是我们会发现，与之合作虽然短期内能够获得可观的利润，但长期来看却会给我们的用户带来伤害。其实，关于什么是对的事情，大家在脑海里都有清晰的认知，只是有时候我们难以抵挡诱惑，又或者我们难以做到长久地坚持。比如我们知道每天多看两个小时书比多玩两个小时游戏要好，但是能不能坚持，能不能抵挡住诱惑却是个问题。

此外，发现错了要马上停止，此时不论付出的代价多大，往往都是最小的，关键是自省和愿意为改错付出代价。以石头科技为例，石头科技在拓展市场的过程中投入了大量的人力、物力研发新类目的产品，但是最终由于产品和市面上同类型产品相比没有明显的优势，毅然决然地砍掉该项目产品。因为对于石头科技来说，产品没有明显的竞争力，最终只能低价销售或花费大量的营销费用，这显然对于公司的发展是不利的。

努力把事情做对也是非常重要的。把事情做对的过程本质上是一个学习的过程，市场、环境、技术无时无刻不在更新，竞争对手也在不断进步，因此只有不断学习、练习才能提高自己的能力，才能尽可能把事情做正确。

此外还有一些非常琐碎却又至关重要的细节。在整个营销过程中，人是最重要的，我们除了了解用户，还要了解营销的环节，以及做营销的人。做营销的人一定要有责任心，简单来讲就是不为了数据而营销，营销不单单只是一个工作项目，更是品牌方和用户沟通交流的重要方式。品牌方要制定好营销岗位的相关工作规范，明确营销的理念。做营销的人要不断思考怎样的工作方式更有效率，怎样不断降低营销成本。同时还要保持平常心，不过于关注某一个环节的成败，好的营销需要的是方方面面的配合。此外就是坦诚，对用户坦诚，对自己坦诚，对公司坦诚，对同事坦诚，不自欺，不欺人。坦诚是良好沟通的前提，极度的坦诚无坚不摧。同时还要坦诚面对失败，思考是不是因为自己的原因导致了失败。坦诚不代表示弱，相反，是一种成熟的表现，体现了敢作敢当的魄力，更是解决问题的真正途径。真正阻碍品牌发展的并不是失败，而是不愿意承担责任和掩饰错误的态度。

用户看待品牌不是看品牌方说了什么，而是看品牌方做了什么。品牌方做营销不能完全基于自己的视角和偏好，而要基于用户的视角和偏好，更要坦诚地和用户沟通，贴近用户。

本质上讲，所有的商业行为都是利他的。房地产开发商解决住的问题，是利他；美团外卖解决吃的问题，是利他；出行软件解决行的问题，是利他；耐克解决穿的问题，也是利他。利他才能利己。所谓利他，就是要站在用户的角度考虑事情，看待事情。

当品牌方愿意给用户提供帮助，为他们提供价值时，往往最终也会得到丰厚的回报。所以在做营销的时候，作为品牌方，我们要明确我们的产品是什么，能够为谁解决什么样的问题，是怎么解决的。营销的内容如果不能围绕用户的痛点去展开，我们就无法运营好用户。营销的本质最终还是要回归到用户上面，通过真诚有效的沟通方式将价值传递给有需求的用户，才是真正有效的营销。

3

用户思维与流量思维

乔布斯说:"我们首先会思考的事情是我们能够给用户带来什么样的好处,我们能够把用户带到哪里,而不是一开始就让工程师们坐下来找出苹果有什么了不起的技术,然后再去思考如何推广它们。"事实证明,用户思维是一条正确的道路。同样,亚马逊的创始人贝索斯也说:"最重要的是以用户为中心,以用户为中心不是只满足用户,而是绝对要让用户高兴,无论你的用户是谁。"除此之外,贝索斯还有一段更为精彩的论述:"不要管你的竞争对手在做什么,因为他们又不给你钱。关注对手,你可能会做到第一;但是关注自己,你可以成为唯一。"

以用户为中心是指站在用户的角度思考,而不是单单为用户着想。我们要明确以下几点:

(1)打动用户的不是技术,而是品牌方能为用户带来什么样的好处;

(2)以用户为中心,不是单纯为满足用户需求着想,而是站在用户的立场思考;

(3)要关注用户的进步,而不是关注竞争对手。

为什么这么说呢?因为本质上用户并不关心产品是什么,他们只在乎自己的需求能否得到满足;用户不关心品牌方铺设了哪些渠道,他们只在乎自己购买产品是否足够便利;用户不关心品牌方的产品是如何定价的,他们只在乎自己能否节约成本;用户更不关心品牌方是如何宣传促销的,他们只在意沟通的效率及传播的有效性。

很多品牌方觉得只要产品好,就不缺用户,这种观点是错误的,好酒也怕巷子深。因为对于现在的市场来说,用户可选择的产品太多了,当用户进入品牌方的网站或者线上销售渠道时,无论网页的响应速度还是网页的排版设计都有可能影响用户的选择,任何一个环节不够好都有可能导致用户离开。

用户思维贯穿产品的各个阶段，从产品的设计、包装、营销、购买渠道到售后服务等各个方面，品牌方必须将各个环节的细节完善，才能真正做到以用户为中心。

用户思维是指要为用户提供长期价值，提升服务用户的水平。品牌方要长期对直面用户的员工进行专业的产品及服务培训，以通过更加专业和友善的方式回答用户的问题，提高用户的满意度。只有良好的沟通才能够吸引和留住用户。

除此之外，品牌方还可以吸引用户参与品牌活动，用户的参与度越高，其在情感上就越会拥护品牌方。2006年6月，Republic of Gamers（ROG玩家国度，简称ROG）品牌横空出世。如今，ROG已经拥有主板、显卡、笔记本电脑、台式电脑、鼠标、声卡、耳机等多条产品线。ROG秉承只为超越的精神，以玩家体验为根本出发点，近年来不断推出令人惊叹的理念和创意，创造出为玩家量身定制的设计和功能，用顶级的PC解决方案满足各种极限应用的需求，并不断打破多项世界纪录，在全球范围内得到无数赞誉，成为冠军之选。

ROG通过举办大量的展览活动来和用户保持频繁沟通和交流。ROG在很多展览上，都会为玩家带来大量即将上市的新品，让玩家上手体验，同时还会带来许多周边产品及游戏奖品，充分地让玩家参与其中，让玩家感受到品牌方对玩家的重视。同时，ROG通过这种面对面的交流实现更深层次的沟通，收集玩家第一手信息，来优化产品及品牌。ROG始终秉承"以玩家为核心"的品牌理念，深度连接玩家。除此之外，ROG在活动现场还会举办振奋人心的游戏比赛，让玩家在充满激情的氛围当中深度体验ROG产品带来的极致感受。

用户思维还体现在要及时奖励核心用户。对于品牌方的核心用户来讲，品牌方要在适当的节点给予其特殊的福利，比如用心为核心用户准备礼物，这些行为可以向用户传递积极的信号。例如，我们经常看到五星级酒店会为其核心用户提供免费的餐饮服务、接机服务，甚至房间免单等服务。一些美妆护肤品牌，如香奈儿，会为其核心用户提供免费的美容护理服务，这都是为了向优质用户提供最好的服务，以维持用户的忠诚度。

同时，品牌方可以为其核心用户提供定制化的产品和服务，因为定制化的产品和服务能够满足用户的个性化需求，从而彰显用户的与众不同。品牌方的私人定制服务可以紧密地绑定核心用户，同时这些核心用户也会因为得到定制化的产品和服务而对品牌进行传播。定制化的产品和服务能够给用户带来心理上的满足，是品牌方传递其品牌价值的有效方式。ROG在线下的直营店中，开放了十几种不同IP、不同皮肤的键盘半定制化服务，玩家可以根据自身喜好定制属于自己的夜魔机械键盘。许多玩家表示非常喜欢ROG的这一服务，并感受到了

ROG极致的服务理念。

用户口碑在塑造品牌的过程中越来越重要，所以品牌方要努力维护用户，塑造良好的品牌形象。品牌方要和社交媒体上的KOL建立良好的合作关系，因为这些KOL关于品牌产品或服务的评价有着很大的影响力。头部KOL关于品牌产品或服务的意见可以快速成就一个品牌，也可以快速毁掉一个品牌，负面评论会影响很多用户的购买决策。以ROG为例，线上KOL对于ROG品牌的一致评价是：ROG是数码领域中的劳斯莱斯，无论在产品高性能的表现上，还是在做工、堆料、创新、细节等方面，都堪称完美，带给用户真正的顶级体验及品牌价值。

对于任何品牌来说，建立属于自身的品牌社区都是非常重要的，品牌社区主要由品牌方和用户构成。用户因为相同的兴趣和选择可以在品牌社区里自由交流，也可以在品牌社区里和品牌方实时沟通，对品牌或者产品提出建议和想法。品牌方要在品牌社区里和用户保持沟通，保持交流，并且做到善于倾听，尽可能站在用户的立场理解用户的观点，并根据反馈，优化相关的产品和服务，为用户持续创造价值。线上品牌方可以根据自身用户的习惯，在B站、小红书、抖音等社交平台创建品牌社区。品牌社区可以为品牌方提供持续不断的创意、灵感和反馈。当然，建立一个沟通密切的品牌社区还要做好以下几点：实时沟通和交流，品牌方切忌三天打鱼两天晒网，不能和用户及时地交流会使用户丧失沟通的热情；及时正向反馈，对于品牌社区内长期活跃的用户及给出正面建议的用户，品牌方可以给予一定的奖励，鼓励用户更加积极地表达观点和意见。

对于品牌方来说，除了要时刻保持用户思维，如何持续地获取流量也是要思考的重要问题。

首先，品牌方要对自身的能力有一个清晰的认知，这一点非常重要，品牌方只有知道自身处于什么样的环节，才能够明确地运用相应的策略获取流量。品牌方获取用户流量大体分为四个环节，即拉新、留存、促活、转化，品牌方要明确自身处在上述哪个环节。对于拉新阶段的流量获取，从策略方面来讲，品牌方输出的内容一定要做到真实、真诚，无论在营销的文章、图片还是视频上，都要做到从传递产品信息、产品价值逐步转移到传递情感上来。产品是为用户服务的，用户更在意的是产品以外的情绪价值，用户的购买行为大多是由情感因素驱动的，驱动用户完成购买的是正向情感。以耐克为例，是其传递出的积极向上、勇于挑战的运动精神在影响用户的心智，所以品牌方应当找到属于自己的正向情感连接词。当用户关注品牌后，品牌方要通过一系列的方法让用户留下来。品牌方可以将用户引入自身的品牌社群内，通过有效的促活手段，如提供产品折扣或通过情感连接让用户留存下来。通过拉新、留存和促活，整个过程中用户在慢慢地加深对品牌方产品和服务的了解，当了解更深入的时候就有可能完成转化，产生购买行为。除此之外，品牌方应当更加重视视频广告的产出，因为视频广告是当下最好的流量获取方式。视频广告不仅能够生动直观地展示产品卖点，还能够清楚地让用户了解产品能够解决的痛点，同时还可以将用户画像、使用场景及品牌调性有机结合起来，将其展示给用户。当然，视频广告并非没有缺点，因为在视频广告中，画面内容的表现形式、时长及创意等都是影响用户是否选择持续观看的因素，所以如何做到持续生产好的、有创意的视频广告是品牌方要探索的事情。

其次，品牌方要对流量有一个清晰的认知。流量分为付费流量和免费流量。付费流量更为简单直接，品牌方通过在各平台持续投入付费广告即可获得流量。但是在预算相对没有那么充足的情况下，多数品牌方就只能够通过一些内容营销获取流量，用时间来换取流量。如品牌方可以去做SEO排名，做社群的涨粉运营，等等。付费流量的优点是市场反馈较快，速度更快；缺点是对于投入有着较高的要求，广告成本较大，且一旦停止付费，流量可能会出现大幅度的下跌。免费流量的优点是流量获取相对更精准，很多用户是通过品牌方的内容自己找过来的；缺点是市场反馈较慢，周期比较长，时间成本太高。

同时作为品牌方，我们要明确什么是有效流量，只有那些会购买品牌方产品，持续使用品牌方产品并且愿意分享品牌方产品的人才是有效流量，才是对品牌方有好处的流量。对于品牌方来讲，网红营销是流量获取的重要方式，但是值得注意的是，品牌方在营销的过程中不要过于纠结网红的粉丝数量、视频的播放量，最终要回归到转化的层面上来。以Cerakey为例，同一时间段的两个KOL，一个粉丝体量有上百万，另一个粉丝体量只有几千，但是真正实现高转化率的反而是这个只有几千粉丝的KOL，这个KOL发布的视频一直帮助Cerakey出单，这对于品牌方来说就是有效流量，品牌方更应该关注这样的KOL。

很多品牌方在内容营销的过程中一味地追求创新、"自嗨"的营销内容的制作，没有做有效的数据分析，没有一套系统的营销方式，这样做出来的内容往往既浪费了团队的时间，也没有起到有效的作用。很多品牌方一味地生搬硬套别人的营销内容和方式，并没有根据用户洞察去制作内容，在内容制作完成后又一味地投流，追求内容的评论、点赞、播放量，并没有关注该内容为网站或者店铺的流量带来怎样的增长。诸如在视频发布后，我们需要知道有多少人进店咨询，有多少人停留在页面，有多少人实际完成付款，等等。数据不仅能让品牌方了解宣传的转化率，同时也会让其在做产品调整的时候有据可依，知道用户喜欢看什么样的内容，为什么喜欢这些内容，这样的内容意味着什么。就是因为很多品牌方没有有效的流量思维，才会陷入日复一日的内容制作中，而内容制作只是整个营销过程的一个环节。我们要知道获得有效流量的原则、思维、行动方式是什么，作为品牌方应当怎样确定推广目标，应该如何设置转化路径，以及为获取有效流量要做哪些具体的准备工作。

正如前面所提到的，大多数品牌方都把精力都放在内容制作上，结果每天都在制作内容，但是这些内容在制作前没有经过调研，在发布后也没有数据反馈，所以导致没有调整依据，最终的营销效果也不理想。很多品牌方看到别的品牌的营销活动大获成功，往往会认为是别人的内容创意好，于是一味地模仿其内容创意，结果却发现并没有起到同样的营销效果。这是因为品牌方没有看到营销背后的逻辑，其看到的是某个内容火了，某个视频火了，某个品牌火了，但是没有看到热度背后的具体逻辑和方法论。首先我们要根据用户调查设定明确的目标，我们要明确，内容制作是建立在用户调查之上的，应该在了解目标用户的普遍需求后再去制作内容。品牌方要把目标用户感兴趣的话说出来。不同的用户群体有着各自的特点，比如针对做广告的群体，发布甲方折磨乙方的内容，做广告的群体就会有共鸣。有效流量和数量没有关系，好的内容一个就足矣。我们要根据真实的调研选择合适的投放渠道，根据用户群体的活跃度选择平台，然后发布内容进行试水，转发、评论、播放量对于实际转化没有太多参考意义，重要的是要根据数据的反馈来科学地看待问题。此外，内容的优化调整可以分为宣传角度和产品角度，如果内容的转化结果非常好，那么我们就加大投入，把内容扩散到别的渠道上面，进一步扩大影响。如果我们找到一个适合传播内容的渠道，那么就把所有的资源全部投放上去，这样才可以取得最好的效果。

14
对标戴森的徕芬

戴森是目前全球市场最受瞩目的家电公司之一。其创始人詹姆斯·戴森凭借创新发明——无尘袋吸尘器，快速地占领全球市场。除了吸尘器，戴森旗下的吹风机、卷发棒、空气净化风扇等产品无一例外都成了现象级的爆款，而戴森这家企业也一跃成为英国本土最受人们敬重的一家企业。

2019年，远在千里之外的中国东莞，一家名为徕芬的电子科技公司悄然成立。

在此之前，徕芬创始人叶洪新在2015年就已经自主研发了城市型载人航空器,并且完成了原型机的制造。在之后的2017年,叶洪新又带领团队研发面向海外市场的高端电动滑板车,并且拿到了7000万美元的融资。可见,徕芬是一家拥有多年研发、生产经验的创新型科技公司,拥有领先的电机技术和结构创新能力。徕芬致力于将前沿技术应用于日常生活,让更多人能够在简单、便捷的产品使用中获得颠覆性的体验,提升生活品质。

从1955年吹风机小型化后,家用吹风机已经走过了近70年的历史。今天,吹风机行业因为电机技术的进步正在经历变革,搭载无刷电机的高速吹风机正在逐步取代传统吹风机。而徕芬吹风机从核心马达电机到外观工业设计,均为自主研发,无须高温即可速干秀发。

徕芬仅用短短的两年时间,就在整个中国小家电市场掀起了一场轰轰烈烈的变革,成为小家电垂类品牌行业TOP 1。徕芬仅用吹风机一个产品,就做到了月均销售额1亿元以上。

2022年"6·18购物节"销售额1.67亿元。

2022年"双十一"销售额2.9亿元。

2022年"双十一"抖音吹风机销售榜TOP 1。

2022年京东、天猫、抖音吹风机销量第一。

2022年全网销量TOP 1。

2022年总销售额16亿元。

以上种种成绩不禁让我们思考，徕芬究竟做了什么，得以迅速爆红呢？

2022年电吹风消费人群性别分布的市场调研结果显示，男性用户占23.8%，女性用户占76.2%。其中电吹风消费人群多关注声音大小、干发速度、是否吸卷毛发这几个方面的产品问题。电吹风消费人群以31~40岁人群为主，集中在新一线及二线城市。

而徕芬的用户画像为50%男性、50%女性，年龄分布在26~35岁，消费人群主要分布在上海、深圳、北京、广州、杭州、南京等一线或新一线城市。

徕芬早期以性价比抢占小米的市场份额，性能比肩戴森，价格直降一半，后续又提升了综合性能，然后以成本定价，实现技术普惠。徕芬抢先占位500~800元价格段，抢占戴森之外的轻奢市场。最新推出的徕芬LF03 SE以低价、高颜值吸引了更多年轻群体。

徕芬LF03 SE的目标受众特征为：

- 20~29岁；
- Z世代青年；
- 以城市居民为主；
- 热衷于打理自己的小空间；

- 数码知识爱好者；
- 美妆个护小达人；
- 追求精致生活，懂得精打细算。

我们再来看一下徕芬的产品细节。徕芬LF03 SE，是徕芬旗下LF03系列的青春特别版本。其使用了自研自产的10.5万转的高速无刷电机，全新五款莫兰迪色系配色，以及肤感材质机身，承袭徕芬一如既往的高品质。

徕芬对外输出的内容核心点如下。

（1）徕芬通过优化生产细节、全链路管理、自身技术实力，做到了不断优化产品的同时，下探价格底线。从仅需五分之一的价格即可体验比肩行业最前沿的吹风机产品，到现在更是只需要八分之一的价格。

（2）徕芬自研自产的C01型高速无刷电机，扇叶采用T6061航空级铝合金，最高转数达10.5万转/分钟。相较于传统有刷电机，C01型电机有转数高、运行平稳、噪声较小等优点。

（3）其他核心内容。

- 亿级负离子；
- 407g轻量机身；
- 1.7m线长，使用更自如；
- 六重降噪设计，59dB运转噪声；

- 三色灯环、贴心束线带、2键7风,极简人体工学设计;
- 30天无理由退换货,两年质保。

2021年底,徕芬这个品牌第一次走进大众的视野。徕芬创始人叶洪新与红衫资本前合伙人,中国消费最佳投资人——王岑对话。依靠王岑在短视频中的影响力,以及颇具幽默感的对话形式——"两个光头聊吹风机"的内容,迅速在短视频平台获得一波流量和曝光,随即完成流量转化。有意思的是,徕芬最早的用户画像,男性用户和女性用户是各占一半的。

在品牌曝光的首个阶段,人最为重要,产品和品牌背后的连接归根到底是制作产品的人和购买产品的人的连接,是人与人之间的连接。作为代表产品或者品牌的人是最为合适的聚焦点,通过一个具象的、活生生的人物去讲述产品,会使其更易于传播,也更容易建立信任背书。从传播学的角度讲,大众更喜欢接受和传播人物信息,这也是为什么近几年来越来越多的品牌创始人从幕后走到台前。一方面品牌创始人更容易拉近品牌与消费者的距离,另一方面如果创始人本身成为IP,那么在品牌传播上会降低成本。就像乔布斯与苹果、埃隆·马斯克与特斯拉、雷军与小米、马云与阿里巴巴、马化腾与腾讯、俞敏洪与新东方、董明珠与格力,等等。由此可见,创始人IP化是叶洪新与徕芬迈入大众视野的第一个动作。

通过多个平台,我们看到徕芬的营销内容更多的是在传播产品的性能优势及价格优势。所以，比较优势与产品内容化是徕芬的第二个动作。

什么是比较优势呢？

在销售之前，你要先思考你的产品是否具有竞争对手所没有的优势，这一点非常重要。

如果有，那么你就可以在广告里进行强有力的论证。比如徕芬的吹风机在对外的广告宣传中就拿戴森做比较。同样是高速吹风机，徕芬的声音更小，体积更小，且只有戴森五分之一的价格。这样一番比较下来，消费者自然知道该怎么选择。

在前期的矩阵传播上，徕芬很好地规划了其价值点及阐述建议：

（1）从护发的角度，介绍如何选择吹风机及吹风机正确的使用方式；

（2）介绍传统吹风机对于头发造成的不可逆的热损伤；

（3）明确输出产品功效，直观对标竞品，展示产品优势；

（4）多维度地测评，从干发速度、噪声、养发功效、外形、体积、使用感受等方面进行分享。

通过强有力的比较优势，徕芬快速为其产品性能做出了论证。

在新媒体的选择上，徕芬更多选择与美妆、生活、时尚类媒体进行合作，主要通过KOL、KOC等相对高势能人群向下渗透，利用PGC在小红书、微博、抖音等平台上种草，再利用UGC的力量口口相传。通过头部UP主和自媒体频繁地讨论，其产品在全网的传播量已经超过10亿。

在对外的访谈中叶洪新总是说："我们的产品定价定得好。"其实这句话的背后透出了徕芬产品比较优势大、价格低、质量好的特点，说明徕芬在技术、渠道、生产、供应链等方面花了很多心思。只有方方面面都做好了，才能云淡风轻地谈产品定价。同样，有了比较优势，产品内容化也就水到渠成了。现在我们回过头来看专注于家用电器行业的戴森，其对外营销亦是如此。戴森在内容营销上更多介绍其产品功能及使用的技术，科技属性占据了内容营销的绝大部分。在平台上花费了大量成本、投入了大量内容的戴森突然在这个时候被徕芬拿来做比较，徕芬这一波流量借势不可谓不妙，既借助了戴森的流量，又展现了产品的比较优势，属于典型的"花小钱办大事"的借势营销。至此，叶洪新与徕芬完成了其广告营销战略的前两个动作，完成了信息传递的部分，通过比较优势影响了消费者，那么随之而来的就是战略的后两个部分——曝光与情感。

在2022年9月，叶洪新发布了新品发布会视频，在抖音获得90万点赞及千万级曝光。随即徕芬开始了快速的规模化内容营销与数字营销。徕芬在全网与KOL合作，主推产品的比较优势——戴森平替。抖音、快手、小红书上的成千上万的内容中，随处可见关键词"黑科技""性价比""超越戴森""国货之光"，等等。

关于"情感"部分，徕芬做了一条爆款短视频《这是TA的故事》，以生活中常见的小矛盾来引发情感共鸣。当品牌被大众熟知后，情感价值的传递是非常有必要的。这个时候视频内容不再以产品内容为主，而是尽量通过还原用户场景去传递情感价值，增加用户的品牌好感度。这条短视频在抖音的点赞量达到了909.7万，总播放量超过了1亿次，而广告预算不到50万元。这条短视频更多的是传递产品好处，消费者其实购买的并不是产品本身，而是产品带来的好处。在这条营销内容中，徕芬产品因为噪声小、价格便宜，解决了夫妻生活中的小问题。这种营销对于品牌来说是非常有利的，美中不足的是，类似这样偏向情感价值传递的营销内容，徕芬还是做得太少了，当然这主要和市场战略有关，徕芬现阶段更多的是通过数字广告抢占用户心智。

同时，徕芬继续在分众传媒投放了2千万~3千万的电梯广告，打造"谐音梗"，以及"明星都是吹出来的"等魔性广告，用年轻人的语言与年轻消费者建立沟通，通过高频率曝光，持续抢占年轻消费者的心智——"国货之光徕芬""年轻人的第一台高速吹风机徕芬",同时在微信朋友圈进行持续性的广告投放,紧随其后的是持续的品牌霸榜和销量猛涨。

2022年4—12月,徕芬销售额连续9个月霸榜抖音电吹风品牌榜。2022年全年徕芬在抖音平台一骑绝尘,市场占比高达40.3%。

至此,徕芬用短短2年时间成为吹风机的头部品牌,完成了其基础的广告营销战略。

我们看到,同样是吹风机,戴森把自己定位为高端产品,而徕芬把自己定位为戴森平替,主打综合性能及性价比。戴森把握女性消费心理,其铺天盖地的广告和营销无时无刻不在宣扬其科技与颜值;而徕芬更多的是宣扬比较优势,性能好、体积更小、价格更低,抢占了更多年轻用户。徕芬对外的广告价值点是"399元,越级体验年轻人的第一台高速吹风机",仅需399元即可体验性能强劲的高速吹风机,使过硬品质与实惠价格达到完美的平衡。

徕芬电吹风的直播带货同样值得大部分品牌借鉴学习,其以品牌自播为主,品牌自播率高达80%。

徕芬自播账号以抖音和快手官方旗舰店账号为主。抖音主体账号包括徕芬官方旗舰店(粉丝179.1万)、徕芬官方旗舰店直播间(粉丝36.1万)、徕芬个护保健旗舰店(粉丝29万)。

快手账号则为徕芬官方旗舰店（粉丝14.3万）。

徕芬的自播策略是围绕目标人群进行精细化运营和维护，从而实现有效增粉和转化。

基于徕芬的品牌定位及用户画像，徕芬在直播间的环境布置及主播选择上都下足功夫，以品质生活空间配合专业的直播话术，针对烫发、卷发、噪声等痛点进行展示和种草，同时以"30天无理由退换货""赠送运费险""3期免息""5年质保"等，打消消费者的疑虑。

相比之下，戴森在营销方面也有值得借鉴之处。其中较为高明的策略便是戴森和瑜伽品牌lululemon一样注重口碑营销，打造品牌社区渠道。

戴森吹风机几乎进驻了全国一二线城市的绝大多数高端美发场所，在这个渠道内，理发师和专业造型师高频地、自然地向戴森的目标用户展示、使用戴森吹风机等各种产品，间接地让用户对戴森建立了一定的品牌认知，在一定程度上提升了品牌的传播力。相关的市场调研表明，戴森在超一线城市的高端美发店的合作渗透率非常高，戴森与许多高端发型师达成了合作，这些高端美发店和发型师不断地帮助戴森建立用户认知。

徕芬与戴森相同的营销策略是，都使用了创始人IP化。戴森比较经典的营销广告由詹姆斯·戴森亲自出镜，并将"制作了5127个吸尘器原型机"的励志故事进行大规模的内容传播，打动了美国消费者。同样，戴森在中国市场也获得了巨大的成功。徕芬与戴森在营销上的相似之处还有都是以产品本身为核心，强大的产品力是营销的保障。戴森采取了全域营销的方式，线上线下全面开花，既重视线下用户体验，又重视线上用户分享。

与徕芬不同的是，戴森在新媒体传播上更注重尾部达人，在整个营销链路上尽可能地去中心化，更关注与用户的互动和真实的分享反馈。戴森的投放类型以美妆和时尚穿搭类社交媒体为主。戴森的线上营销首先以科技类媒体为主引发初次传播，其次通过各类营销号进行大幅扩散，形成热点传播内容，最后通过时尚美妆博主再次传播，形成带货，完成转化。而徕芬在新媒体传播上主要依赖测评类、数码类、知识类自媒体完成信息传递，以时尚类和美妆类自媒体为主，形成转化，相比之下更容易受到其他品牌吹风机的投放影响。

虽然徕芬在短时间内通过战略营销快速地吸引了一大批粉丝和用户，但是其高速增长的业绩之下并非没有隐患。爆款单品的背后拥有第二增长曲线至关重要。除此之外，常规的线上营销链路，如先跑爆文模型，再建立博主模型，最后完成转化闭环的方式虽然有效，但是随着同品类品牌的竞争加剧，最终营销又回到广告预算的竞争上来。如果徕芬想要进一步扩大影响力，在全域营销及拓展产品线方面将会面临新的挑战。

15 石头科技——塑造差异

近两年，随着大众收入水平的不断提高及消费能力的不断提升，人们对生活品质的要求也越来越高。快节奏的工作导致大家没有多余的时间和精力去打扫家务，于是洗地机品牌应运而生，扫地机、洗地机逐渐成为新的家庭标配产品。目前市场一线品牌诸如科沃斯、追觅、云鲸等的整体销售可观，但其中表现最为亮眼的还要数头部品牌石头科技。石头科技作为近几年迅速崛起的清洁电器头部品牌，不论是其科技产品的创新力，还是在品牌营销层面的表现，都使人眼前一亮，一些视觉内容更是令很多对手竞相模仿。

我们团队与石头科技的合作已经长达四年之久，其间，很多项目每每回想起来都令人印象深刻。随着与石头科技合作的深入，我们了解到石头科技对产品的严苛要求，以及对营销创意的重视程度，这些都深深地影响了我们，这也是石头科技这家企业可以迅速崛起的原因之一。从某种层面来说，石头科技是我们合作过的最为专业、最为出色的品牌方之一。无论对营销内容风格调性的把握，还是营销创意的天马行空，其总能带给我们耳目一新的感觉。坦白来说，好的营销就是品牌方与营销公司合力为之的结果。

在与石头科技合作的这几年中，我们验证了一个头部品牌崛起的原因，那就是保持差异、塑造差异。

石头科技成功的首要原因就在于其产品的创新与差异化。石头科技在扫地机器人技术路径中坚定地以激光导航 SLAM 算法为主导，并在软硬件一体化发展上深度钻研，已成为行业标杆，每年投入大量的经费用于研发，不断推陈出新。传统的冷凝式洗烘一体机，烘干温度较高，容易损害衣服，且毛屑长期堆积在风道内也会对要清洁的衣服造成二次污染。石头科技推出的全新洗烘一体机，就很好地解决了这个问题，其搭载了核心专利的分子筛烘干技术，可以做到平均 50℃ 的低温烘干和毛絮自清洁。对于室内空间有限的消费者而言，这个产品很好地解决了他们的痛点。很多消费者反馈，石头科技的这个新产品不仅性能好，节省空间，而且性价比也极高。

在对接这个项目的时候，有一件事令我们印象深刻。石头科技负责对接的一个工作人员告诉我们，这个产品确实好用，他自己以内部价购买了一台，烘干衣服又快又好，那种对产品满意的喜悦之情溢于言表。在交谈中我们还得知，石头科技原本还有一条全新品类的产品线，因为产品始终达不到较为满意的状态，在投入了大量的研发费用、产品随时可以面市的情况下，石头科技仍毅然决然将该产品线砍掉。所谓较为满意的状态，是指在对比整个同类型产品市场的情况下超越了平均水平的状态。也就是说，只有超越了同类型产品，石头科技才会将其新品上市。这种魄力和决心是一般品牌所不具备的。

有如此具有竞争力的产品在前，我们在制作营销内容时，就要尽可能地去挖掘消费者的需求，体现产品差异化和品牌高端化。这里简单分享一下我们的调研和制作思路。

第一步：明确目标人群。

我们发现绝大部分用户会有诸如"晾干全靠太阳，回南天，衣服都快发霉了""高温烘伤衣服，上次烘过后羊毛衫都褪色了，还是送去干洗店吧""手动清滤网总是忘，水怎么变脏了？原来是太久没清理滤网了""桶太小，一家人的衣服，要洗两三次""体积大，差一点点就能放进台面下，家里本来就面积小"等各种各样的常见痛点。基于这些痛点，我们决定根据产品的核心卖点进行强有力的发声，要做到让目标人群了解这款产品的全部优势，产生购买意愿。

目标人群1：普通洗衣机用户

希望用H1 Lite代替普通洗衣机。

烘完直接穿！

从此拥有洗烘一体带来的前所未有的便捷、舒适感。

目标人群2：洗烘分体机用户

希望用H1 Lite代替洗烘分体机。

洗后自动烘！再也不用定闹钟，不用手动换桶，全自动，给自己自由。告别笨重洗烘分体机，把一体机放到台面下，把宝贵的室内空间留给生活，给家自由。

目标人群3：其他洗烘一体机用户

之前买亏了！换机时就买石头科技的产品。

更小体积、更大容量、更多黑科技、更智能、更省心，比冷凝式更护衣、比热泵式更具性价比。

目标人群4：新家庭、迁新居用户

新的人生阶段，期待新的高品质生活。

买洗衣机是刚需，那么全能省心、护衣安心、性价比极高的 H1 Lite，就是闭眼入的不二之选，简约高级的外观和各种装修风格都能完美融合。

第二步：梳理产品的核心卖点。

1. Zeo-Cycle 分子筛低温烘干

行业内独创第三种烘干技术，是品牌高端机型的同款烘干科技，与传统洗烘一体机的高温热风烘不同，采用分子筛吸附水分，配合双循环系统，让分子筛再生，持续保持吸附能力，只需暖风循环，即可实现低温烘干。只有低温烘干才能护色不伤衣，可烘羊毛、真丝等衣物，通过羊毛、真丝双认证。

2. Roborock LintClear 毛絮自清洁

自动过滤毛絮，自动冲洗滤网。烘干过程中通过 150 目滤网，0.1 毫米过滤精度，可过滤毛絮。而且与一般热泵不同，它会自动冲洗滤网，无须手动清理。

3. UVC 高频短波紫外线除菌

像阳光一样烘干除菌，紫外线分为四个波段。其中，UVC 高频短波波段的杀菌效果最好，UVC 除菌技术在常温下就可以使用，不会因为高温损伤衣物，一般应用于高端产品。

第三步：梳理产品的次要卖点。

1. 烘干的另外几项核心优势

【衣干即停】5个NTC智能温度传感器,精准控温,衣干即停,不过度烘干。

【三挡烘干】普通模式,即洗即穿;微干模式,烘完可熨;超干模式,可储存。这是只有专业干衣机才有的功能。

2. 洗衣的两个关键亮点

【DD直驱变频电机】洗净比达到1.08,仿手洗动作(精细摇洗、大幅揉洗、抖散、搓洗、挤压),配合内筒内提升筋,稳定低震,静音低噪。

【智控双投放】洗衣液、柔顺剂双投放(即洗涤前自动投放洗衣液,漂洗时再自动投放柔顺剂),每月仅需加一次,洗衣时自动进行重量感应,自动推荐用量,也可使用App设置。

3. 一些特色洗烘模式

【空气洗】不用水洗,可以快速去除烟味、火锅味。

【快速洗烘】从洗到烘,1小时完成,适用于夏季衬衫的每日换洗。

【除菌除螨】除菌消毒,除冠状病毒HCoV-229E、RNA病毒H1N1。

【婴童洗】高温煮洗除菌,婴童特渍洗。

4. 洗烘一体省空间

洗烘一体，不用分作两台，节省空间，适合于小户型；洗后直烘，无须等待洗涤完成，再手动把衣物掏出来换桶；比一般热泵式洗烘一体机更小，适配标准台面。

第四步：根据以上卖点，我们推导出整个内容主题——小身材、大容量，更有大本领。具体表现为：小身材洗衣机加干衣机，洗衣干衣二合一；烘得好，低温不伤衣；烘得聪明，三挡烘干、衣干即停，智控双投放；空气洗，小问题，快解决；像手洗，DD直驱变频电机；谁说烘干不如日晒？像阳光一样，UVC除菌；省心省力，自动过滤毛絮，自动冲洗滤网；大直径、大滚筒，不褶皱；大容量，全家衣物一起洗。

基于以上内容，我们将视觉锤由圆形门提炼出的圆形符号，不断放大，告诉消费者在这扇圆形的洗衣机门后有众多黑科技，可以带给消费者无限的可能。打开这道门，开启的是全新的体验。

这道门，就像是一个传送门
大海的澎湃在里面
微风徐徐、温暖阳光也在里面
众多黑科技在里面
聪明的贴心智能也在里面

让消费者能够看到各种强大功能

让消费者明白：H1 Lite不仅有革新科技，还面面俱到、样样出色

影片出来以后，收获了大量用户的好评。尤其是关于圆形门的应用，给人舒适、完美的视觉感受，代表面面俱到、样样出色；同时又可以应用于不同场景的展示及转场，以及不同功能点之间的衔接，这样整体的视觉差异感一下就出来了。

在传播越来越形式化的情况下，很多品牌却忽略了那些出于微小的生活洞察而给用户带来的新鲜感，优质的传播需要从内容出发。内容要以用户为中心，用户情绪是创意原点，从用户情绪切入，让用户情感自发出现。在H1 Lite的营销内容中，不仅有分子筛的工作原理的展现，更重要的是将自然融入其中。在阳光下晒衣服是每个消费者记忆中的美好感受，将这些美好感受以创意的形式和产品结合，能够进一步引起消费者的共鸣。

石头科技除了在产品端紧抓消费者需求，塑造差异化，也一直在尝试通过新的营销内容和方式塑造差异化。为了帮助消费者更好地理解产品，在扫地机P10 pro上市期间，石头科技围绕产品的核心卖点，如动态机械臂、语音实时视频等，进行了诸多创意内容的发布，尤其是在卖点视频上，首次运用了AIGC来制作内容，不得不说这又是一次非常好的塑造差异化

的营销尝试。

石头科技善于抓取热点，近两年整个社会的焦点大多聚集在AI这个热点话题上，而石头科技在非常短的时间内就利用AIGC制作了3支卖点视频，区别于传统的拍摄内容和CG动画，再一次通过创新的技术表现形式结合产品的核心卖点，带给消费者一场关于未来的想象。在AI与艺术的结合下，诸多消费者想象不到的画面——映入眼帘，全新的视觉体验进一步加深了消费者对于石头科技的产品和品牌的差异化认知。

除此之外，石头科技在后续的A20系列机器的创意营销物料里，以"解放双手，开启平躺自由"为主题进一步将差异化升级，利用AIGC富有创意地结合城市地标创作视频："今儿算是开了眼啦，石头科技在天津之眼平躺了""一睁眼看见洗地机穿越雾都重庆李子坝""洗地机在鼓楼平躺穿过"。这三条创意视频同样给消费者带来全新的视觉创意盛宴，很多消费者纷纷留言："太有创意了，为石头科技点赞。"这种营销内容一下就拉近了品牌与消费者的心理距离，消费者在感到新奇的同时也会感到亲切，进一步提升了对品牌的好感度。

除了AIGC，石头科技还在不断尝试通过别的展现形式来塑造差异化，如在国内首次尝试裸眼3D展示形式，实时为消费者沉浸式地展现更深度的空间清洁，以这种新颖的表现形式给消费者带来无以复加的视觉冲击力，极大地凸显了品牌的差异化。可以看到，石头科技在内容创意和表现形式上一直在不断探索，产品的差异化及营销内容形式的差异化带给消费者的是对于石头科技独有的感知力，让消费者将传统的家电品牌与石头科技充满活力的品牌区分开。

如果你以为石头科技仅仅做了这些差异化，那就大错特错了，石头科技每次的新品发布除了新品内容的创意展示，还会精心制作专业的使用指南视频，仅我们参与制作的使用指南视频就不低于十支。这些使用指南视频有效地帮助消费者快速地上手产品，起到了非常好的讲解作用。举个真实的例子，之前合作时石头科技送给我一台扫地机，我把扫地机邮寄到了千里之外的老家。我母亲60多岁了，之前打扫卫生都是使用传统的布拖把，她认为这些所谓的扫地机无法完全清扫干净。在我的极力劝说下，她尝试使用了石头科技赠送的扫地机，但是安装问题又一下子难住了她。我把安装视频发给她，她竟然很快就完成了安装，并开始使用。使用了几天后，我问她感受如何，她非常高兴地说："这个产品真不错，又省力，清扫得又干净。早知道这样，我早就用它来打扫了。你发的那个视频可比那些说明书好用多了。"石头科技就这样凭借内容的差异化，又成功增加了一个粉丝。后来每当亲戚去我们家，母亲就向亲戚推广该产品，简直成了石头科技的推广大使。事实往往就是这样，产品好用，给消费者带来了独特的使用体验，消费者一旦认定品牌，就会成为该品牌的支持者。

四

营销背后的功夫

16 快就是慢

品牌建立快慢的问题，是一个非常值得思考的问题，如果没有想清楚，贸然行动，很有可能会快速毁掉一个品牌。有一句话概括得非常准确，快是慢的显化，慢是快的地基。就像我们蹬自行车，不是上来蹬两脚速度一下子就能上去，而是我们蹬了一段时间，速度相对稳定之后，随着脚蹬的速度越来越快，自行车才能跑得越来越快。没有前面的慢，就没有后面的快。对于品牌来说也是如此，对于制造工厂也是一样，或者也可以说，对于绝大多数事情来说都是如此。

在做品牌的过程中，我接触了很多供应链工厂，发现有一点似乎是绝大多数中小型工厂的通病，即不愿意创新，更喜欢守着一个稳定不变的产品一直做下去，如果能做5年甚至更长时间就更好了。然而，现实情况是，随着市场竞争越来越激烈，只有真正有差异化、有创新性的产品，生命周期才会更长，它的代工厂也才能生存得更长久。大概在两年前，我们去拜访了两家工厂，其中一家工厂对我们的产品完全不感兴趣，因为市面上完全没有同类型的产品，其对该产品未来的市场回报也不确定，所以第一时间直接拒绝了我们。而第二家工厂抱着试试看的态度，开始和我们一起进行研发，完善供应链，在长达一两年的时间里不断优化，不断迭代，慢慢地优化产品，投入市场，最终收获了长足的利润。

有趣的是，2023年我们去考察工厂的过程中，两年前拒绝过我们的工厂再次找来，负责人表示非常后悔当时没有和我们合作，现在工厂的订单非常不稳定，没有业务做，希望能承接制作一部分我们的产品。直到今天，绝大多数工厂还是秉承着"你给我下多少单，我能挣多少钱"这样的思维模式来配合品牌合作，然而这种思维并不适用于现在的市场。想要快速占领市场，快速获得收益是非常困难的，我们很多时候在网上看到非常多的产品、技术、品牌好像在一夜之间快速地成长起来，认知的不清晰往往会带给我们一种错觉，大家都在不停奔跑，大家都成长得很快。然而事实是，这些品牌风光背后的耕耘和努力，其付出的时间、精力都是我们没有办法在短短几分钟之内了解到的。

建立品牌知名度是快一点好还是慢一点好呢？这个问题，我们要从不同的角度去思考并加以实践。

品牌知名度并不是一蹴而就的，日积月累，大家才会慢慢形成对一个品牌的认知。品牌知名度包含很多维度，如产品的质量、技术、创新、售后服务，真正用心地建立和消费者之间的沟通，等等。这些都不是短时间内可以做到的，只能说在这些都做好的同时，随着量的不断积累，才会在未来的某个时间点迎来品牌的破圈，更快速地建立品牌知名度。通过短期的大量投入结合营销手段去抢占市场，往往会让品牌步入非常危险的境地。做品牌是件长久的事情，不能以快慢去衡量。更重要的是，作为品牌要真正地为用户解决实际问题，为用户提供真正有价值的服务，这样品牌才能够真正建立起来，才能够走得更长久。

在品牌建立的实际过程中，我们应该思考哪些问题呢？亚马逊创始人贝索斯给出了他的答案：尽可能去思考未来几年不变的东西，站在不变的角度去思考问题。比如，对于线上购物来说不变的是什么？毫无疑问是品类的多样性，以及极具性价比的价格，还有更快的物流体验。品类多就会有更多的用户，有更多的用户就会诞生更多的商家，更多的商家会带来更多的品类，随之而来的就是每个环节越转越快。亚马逊正是这样越做越快，迅速抢占市场份额的。对于消费品牌而言，可以持续影响规模化增长的东西是什么？独特的产品体验、庞大的用户需求及诱人的价格，思考清楚这三个点，会帮助我们筛掉很多自以为是的、天马行空的想法，避免掉入坑中。当我们自我陶醉于对某个产品的想法中时，不妨先停下来思考一下，我们的产品是不是有真正的差异化，是不是有足够多的用户有关于这个差异化的需求，以及从开发这个产品的成本到最终的零售价格是否做到了足够有吸引力。思考完毕，我们再看看刚才的这个想法到底是不是真正成立。很多不错的消费品牌在刚开始的时候做出了一个爆款产品，赚取了一部分利润，然而随着时间的推移，最终又把赚到的钱赔了出去，绝大部分原因是，没有把钱投入到能持续产生价值的点上。因此品牌创始人需要思考的重要的一点就是，怎样将现有的资源投入到核心的地方。

回归到产品上来，做一个好产品是品牌成长的关键。好的产品不是简单的模仿，现在很多创业者看到线上有一个产品卖得很好，就去找一个工厂进行代工生产，或者简单地改一下产品的参数，包装一些差异化的伪需求卖点，然后将产品快速推向市场，期望通过营销手段或者低价快速地赚取利润，然而结果往往不尽如人意。近两年很多当红的消费品牌在做了一个爆款产品后快速地成长起来。例如，徕芬的吹风机，一年卖出近10亿元。爆品背后的原因首先是供需的不平衡。徕芬满足了用户想用几百元买到同等品质的戴森几千元产品的需求，在这个产品的背后不仅仅是简单的模仿。徕芬在技术的可行性及大规模生产上都投入了大量的人力、物力、财力，才有了当下的市场规模。其次是庞大的用户需求，徕芬在吹风机火爆全网的同时，推出了一个全新的产品——电动牙刷。为什么呢？因为产品是给人做的，徕芬洞察到了这样一群喜欢科技生活产品的用户，于是以极致的性价比围绕着这样一个在未来不断扩大的庞大群体去做产品。当品牌的产品线越来越立体的时候，品牌才会慢慢确立。

从2020年到2022年这两年间电脑、3C数码、外设等领域因为居家生活、办公及娱乐需求的不断激增而获得了增长红利。短短两年的时间，这些行业的规模增长3~4倍。行业快速增长的结果是引来大量竞争对手。新进入者以低价、模仿等策略来占领市场份额，导致行业利润降低。疫情结束后，消费者不再长时间居家，整体购买需求也随之减少。行业面临着利润降低、销量减少的双降局面。品牌随之进入过度竞争的局面，过度竞争的结果是，每个品牌的市场份额都不高，整个行业在往快消化、多元化和低毛利的方向发展，逐步陷入清库存和卖货思维中。

以机械键盘品牌为例，头部品牌越来越多地把精力放在扩充品类上，不断增加供应商，试图通过庞大的用户基数快速消化各类产品，或者通过大量的IP联名拓展消费圈层，制造流量话题，以及通过替换产品颜色、皮肤来进行产品销售。短期内看似品牌流量激增、话题不断，但是回归本质，流量并不能代表品牌价值。短期内的品牌销售额激增非常不利于品牌后续的发展。腰部品牌也只是通过方法论快速地生产产品，根据市场的需求，确定以什么样的价位、什么样的外观、什么样的概念更容易让消费者买单。品牌设计团队根据销售团队的需求设计出概念性的产品，然后快速地打样、测试，大规模量产投放进市场，真正的用户需求并没有很好地被满足。

独特的产品体验始终是机械键盘用户最本质的需求。机械键盘品牌Cerakey洞察到了这个需求，并找到了非常好的切入点。Cerakey以机械键盘的键帽切入，将陶瓷材质应用在键帽上，与市面上的塑料键帽完全区分开，做到了本质上的差异化，在实现产品轻量化的同时，提供了多彩釉色的选择，并直接改变了用户打字的声音，让声音更加厚重匀称。Cerakey在产品层面上是创新的，做到了轻量化、产品化、规模化，同时真正做到了与用户建立联系，倾听用户的声音，做好售后等相关服务。还有比较重要的一点是，Cerakey使用传统陶瓷工艺实现工业规模化生产。从产品层面来说，Cerakey给广大的消费者提供了一种全新材料的选择；从文化层面来说，Cerakey正在将中国传统文化以全新的形态推向世界。

与别的品牌相比，Cerakey无疑选择了一条缓慢的品牌化道路，全新材质的产品意味着要用很长的时间搭建生产供应链，意味着在技术研发上面要花费大量的时间去做测试，意味着产品要经过很长的周期才能正式面世。但真正的创新一定是缓慢的，品牌的成长也是在这个缓慢的周期里才能打好基础，后续才能更快速地建立品牌。

当产品即将面世时，品牌方要进行产品广告的投放。从常规来讲，产品广告一般分为内容广告和数字广告。内容广告的投放见效会慢一些，数字广告的投放见效会快一些。

各种信息流广告在飞速消耗预算的同时的确能够在相对较短的时间内带来一定的用户，但往往随着预算的降低或者投入的停止，用户的增长也就戛然而止。而内容广告是一个周期长且相对较为麻烦的形式，需要不断地产出优质的内容。短时间内，品牌方感知不到品牌在发生变化，一旦感知到品牌发生变化，一定是品牌开始变得有势能，长尾效应开始显现。大量的内容形成品牌内容矩阵，形成口碑，品牌的根基才会稳定。

这里再分享一个真实的案例，从2019年到2020年前后，我们曾经操盘过一个瑜伽服品牌，当时运动品牌lululemon在全球盛行，我们在瑜伽服饰市场中看到了机会，于是快速地进入市场。我们在义乌找了几家做瑜伽服的工厂，在版型上根据市面上的爆款做些许改动，然后快速搭建网站，以lululemon三分之一的价格将产品快速推向市场，广告团队每天不停地进行数字广告的投放,每天的花费大概在几万美元,前期效果很好,然而很快各种意想不到的问题扑面而来。

首先是版型的问题,虽然产品在版型上做了些许改动,但还是和当下的主流品牌瑜伽服十分相似,许多用户在品牌网站和广告下方对此给予了负面评价。其次是没有在服装的材质、用料、图案等方面下功夫,没有真正地根据用户的需求去做产品,导致虽然通过大量预算推出了一两个所谓的爆款,但是很快就有许多其他新进入市场者开始以更低的价格模仿我们的爆款版型上架产品,这些对我们而言无疑是非常沉重的打击。还有许多细节问题,我们完全忽视了用户对于服装用料的反馈,以及衣服很多其他的细节问题,比如有的瑜伽服的领口或袖口会有一些轻微的开线,等等。在日益激烈的竞争中,我们陷入了一种非常可怕的卖货思维,不断催促工厂改版上新,不断增加新品,导致库存越积越多,这个时候已经没有任何所谓的品牌思维了。很快,更可怕的事情来了——疫情,我们甚至都没有挺过3个月就宣布解散了。疫情的到来直接导致工厂不能按期交货、物流成本增加,再加上产品质量等问题,使得产品已经完全没有利润,这个时候一方面卖得越多亏损越多,另一方面由于工厂停摆,也无货可卖。

今天看来,当初的举动是多么可笑,从某种层面来说,我们反而应该感谢疫情的到来,让我们能够及时刹车,反思自己。以前我们做项目、做业务的想法是一切以增长为主，但因为上述项目的失败和疫情的到来，我们发现其实最终导致项目失败的原因是我们的产品不具备核心竞争力，以致但凡有些资金、会做营销的公司都可以随时进入这个赛道和我们竞争。我们的供应商可以同时帮很多品牌进行贴牌生产，所以事实是，哪怕没有疫情的到来，我们的项目早晚也会失败。而真正正确的方式是，我们应该将卖货思维转变为品牌思维，将追求高速增长转变为追求建立核心竞争力，将没有正确目标的快速奔跑转变为在正确的道路上稳步向前。品牌的成长需要时间，我们要做的是让自己的品牌在用户心中占据一席之地，告别低价策略，告别模仿，走一条真正基于用户需求的创新之路。

真正能够让品牌稳步成长的一定是品牌竞争力，它才是品牌最核心的价值。如今反观我们的新业务，很庆幸我们走在正确的道路上，做真正的贴合用户需求的创新型产品，提供更好的产品品质，尽可能地给用户提供更好的服务，并且始终伴随着这些用户成长，根据他们的需求做出改变。从某种意义上来说，告别低价竞争，告别比拼产品参数，才能真正地获得利润，而企业有了足够的利润才能稳步成长。

想要成就品牌就要耐得住寂寞，耐得住诱惑，不盲目跟风。短暂的市场正向反馈只能说明企业走在正确的道路上，但是想要成为真正占据用户心智的品牌，仍有很长的道路要走。

一个强有力的品牌，绝不仅仅是提供一款品质过硬的产品那么简单，而是要能够带给用户一种长期的价值承诺。时至今日，作为品牌最重要的事情是真诚，真诚并非空谈，而是需要关注用户心里在想什么，以及品牌能做到什么、做不到什么。品牌不能因为短期的利润与初心背道而驰，而应坚定地选择创新之路，只有这样，品牌才能够逐步建立起来。当品牌真正建立后，所谓的快慢也不再重要，因为那些陪伴品牌的用户会推着品牌向前走。

17 竞对研究

学生时代，每当要进行班级与班级、学校与学校之间的比赛时，老师说得最多的一句话就是："知彼知己，百战不殆。"这句话放在当下任何领域都有着深刻的意义。从长远来看，知道自己的长处和短处，知道别人的长处和短处，加强自己的长处，弥补自己的短处，才能获得成功。品牌营销也是如此，知道自己的营销优势在哪里，知道别人的营销优势在哪里，学习长处，避免短处，这样才能越做越好。小马宋老师在《卖货真相》里有一句话说到了本质：对于中小企业而言，营销是个慢功夫。因为中小企业前期"钱贵人贱"，没有那么多的营销预算，只能铺人，很多事情要老板亲力亲为，如做内容、找渠道；后期"人贵钱贱"，用金钱换时间，用金钱来做推广。无论如何，在整个营销的过程中，我们都要做足功课，始终保持敏锐的嗅觉，找到自己的优势，学习别人的优势，耐住性子，稳步发展。

对于抢占我们品牌用户的竞争对手，我们一定要持续关注，不单单是关注当下的竞争对手，更要关注未来有可能成为我们竞争对手的品牌。关注竞争对手、分析竞争对手，可以帮助我们快速地了解市场环境、把握市场动态，也可以帮助我们更好地制定竞争战略，取长补短。

以机械键盘市场为例，近两年随着全球经济下行，整个机械键盘市场开始进入内卷时代，卷性能、卷配置、卷价格、卷营销、卷颜值，把能卷的都卷了，但是大部分品牌却没有获得很好的增长，利润也是不增反降。在进入机械键盘市场时，我们做了一些竞对研究，这些竞对研究非常有效地帮助我们避免陷入内卷中。在机械键盘领域，罗技、雷蛇、海盗船等头部品牌的地位在短时间内并不是我们能够撼动的，这些品牌经过长久的发展，已拥有了一大批狂热的粉丝。而像前两年大火的国风机械键盘品牌阿米洛，随着市场变化，其销售额也有着较大幅度的下降。从市场销售规模来看，除去头部品牌，单单进入亿元俱乐部的品牌就有狼蛛、RK、VGN、达尔优、AKKO、雷柏、CHERRY、洛斐等，近年表现亮眼的Keychron更是享誉海内外。随着游戏市场的不断兴起，进入外设领域的品牌越来越多，入局门槛也越来越低。外设大厂亦是来势汹汹，ROG作为外设大厂发布了夜魔这款键盘，给机械键盘市场带来不小的震撼。如此诸侯纷争的局面对于Cerakey这个新入局玩家而言不可谓不是"地狱模式"开局。

我们研究了其中近两年来做得较好的几个品牌，以洛斐、Keychron为例。洛斐、Keychron这两个品牌个性非常鲜明，一个主要以女性用户为主，另一个主要以男性用户为主。

针对洛斐这个品牌，我们初步列了几个问题：洛斐的年销售额大概是多少？洛斐的市场受众是谁？洛斐各产品的销售占比是怎样的？洛斐的核心竞争力是什么？洛斐的新品开发周期是多久？洛斐的新老产品复购率是什么样的？洛斐的不足之处有哪些？经过调研，答案如下。

1. 洛斐的年销售额

总体量在3亿元左右，产品类目不仅仅局限于键盘，还包括鼠标、露营装备及其他数码产品，等等。

2. 洛斐的市场受众

除了偏向于机械键盘市场，主要市场受众是女性用户，以城市白领居多，主要分布在一、二线城市。

3. 洛斐各产品的销售占比

以销量来说，小翘+dot（一代）占据大部分，dot粉底液、透明键盘都属于短暂火爆的产品，但没有持续发力。

4. 洛斐的核心竞争力

目前，洛斐的核心竞争力是其独特的设计圈资源和定位于设计的品牌调性。

5. 洛斐的新品开发周期

（1）因为洛斐有着成熟的设计师资源，所以每周都有新主题键帽上市，但是市场反馈，品控相对不够完美。

（2）键盘换色类，周期差不多是两个月。比如dot粉底液、透明键盘等，一旦要出新的配色，一般要花两个月左右的时间去运作。

（3）尺寸更新类，如小顺矮轴键盘，从75键到96键，差不多需要4~5个月时间进行开模和升级。

（4）dot粉底液、透明键盘等，因为模具设计有相当大的难度，所以完成设计并出新品需要一年以上。

6. 洛斐的新老产品复购率

复购率在1%左右。

7. 洛斐的不足之处

洛斐尝试进军专业机械键盘市场，但是反馈并不好，目前已经逐步放弃；其主要劣势在于，产品手感不佳，性能上无法与主流机械键盘产品竞争。洛斐的所有产品都为破圈而存在，其产品经理、营销人员虽对机械键盘市场了解不深，但是对商业的探索非常深入，做了很多其他品牌想做但做不到的事，即破圈。

综上所述，我们发现洛斐的绝大部分消费者最真实的需求并不是一款性能最好的机械键盘，而是一款放在办公室工位上养眼的键盘，高颜值可以愉悦自己的心情。常规的机械键盘品牌走的都是注重性能、性价比的工业品之路，而洛斐走了一条不同寻常的路，"办公室颜值好物"的定位给用户提供了大量的情绪价值。哪个女孩子不想在面对枯燥的工作时，用一款"可可爱爱"的键盘愉悦自己呢？在调研之前，我们总以为机械键盘最重要的是其产品性能，是独特的轴体，是舒适的手感，而事实证明大部分女性用户并不在意这些，她们最在意的是产品是不是可爱、好看。

以洛斐目前市场上最火的 1% 键盘为例，产品整体采用 PC 外壳+PC 键帽+高光电镀内壳+透明的 box 水母轴，外观晶莹剔透，颜值非常高，刚刚上市就掀起了一股透明键盘的潮流，成为国内许多厂商模仿的对象。洛斐明确地将其产品定位于女性消费市场,因为洛斐充分地认识到女性用户在消费能力上远远强于男性用户。在市场给予了正向反馈后,洛斐更是充分地将颜值经济发展到极致。

在渠道方面,除了线上电商平台,洛斐更多的是把键盘铺设在全国商场的精品集合店内,并开始尝试打造线下自营品牌店。男性用户购买专业的机械键盘往往会先从社交媒体搜索相关的产品测评、攻略,而女性用户更多的是依赖于线下逛街时的体验,遇到高颜值或者自己喜欢的设计,她们就会果断购买。洛斐键盘的核心竞争力,就是颜值。洛斐牢牢把握了女性用户所追求的美感、设计感和高级感,其社交广告无时无刻不在营造这种精致美的氛围感。

Keychron,则是牢牢把握男性用户对于产品性能的需求,在做好"苹果妙控键盘"平替的同时,立足产品创新,成功吸引了Mac用户群体。2018年10月,Keychron就在Kickstarter上众筹了第一款产品,主打超薄无线的机械键盘,3小时便筹款超40 000美元,项目最终获得3 946名支持者,并筹款328 523美元。2019年4月,Keychron再次上线新的众筹项目K2,上线24小时内筹款超过110 000美元,项目最终获得11 126名支持者,并筹集1 001 047美元(这也是Keychron众筹项目中支持者最多的一个)。迄今为止,Keychron在Kickstarter上共计众筹14款产品,累计众筹金额达7 320 080美元 。根据调研发现，Keychron网站的两大流量来源是自然搜索和直接流量，占比分别为46.76%和40.54%；社交流量主要来自Youtube和Reddit，占比分别为60.91%和25.9%；付费流量较少，总占比不超过1%。观察其早期流量，还是以推荐和社交流量为主，在合作了大量的科技媒体和网红后，口碑有了，流量有了，Keychron也在不断升级产品，目前产品已达数十款，涵盖多种价位和特性，已渐渐在办公类机械键盘领域站稳脚跟，热度一度超过"机械键盘"本身。现在回过头来看Keychron，它赶在大部分友商之前进入了一个尚处在空白期的细分市场，随后便迅速成为该市场的网红品牌。

而在这个细分市场站稳脚跟，甚至在体量上已成为该类目数一数二的品牌后，Keychron现已转头进军生机勃勃的电竞市场。Keychron有两点做得非常好，第一是快，Keychron产品更新频率极高，快速迭代产品，不断保持着市场热度。第二是愿意通过大量的预算去做推广。传统的机械键盘品牌内卷且毛利率较低，很多品牌不愿意在推广上投入太多预算。

在2023年如此内卷的情况下，我们看到整体的机械键盘市场也在不断发生变化，整体的变化趋势首先是产品功能和特性不断优化，比如有的厂商在键盘上增加了可显示的屏幕，有的厂商增加了一些特殊的旋钮，以独特的外观和体验给消费者带来耳目一新的感觉。其次是个性化和定制化的需求不断增加，厂商逐步提供更多的选择，让消费者根据自身喜好去定制键盘，包括键帽、轴体、键盘外观，等等。

根据竞品调研，对于Cerakey来讲，如果想在初期避开和这些品牌的竞争，就得先避其锋芒，从不起眼的产品迂回作战，培养自己的私域流量。Cerakey选择从创新型的差异化产品做起，从键帽入局。无论陶瓷键帽套装还是后续的陶瓷键帽键盘，Cerakey的核心卖点和亮点都在于区别于传统塑料键帽的陶瓷材质。Cerakey将陶瓷工艺与键帽相结合，并根据消费者的需求进行分装售卖，消费者可以根据自己的喜好自由搭配。市场上绝大多数机械键盘的键帽都是ABS/PBT材质的，主打的是键帽的配合和图案设计，而不在于键帽材质，所以与Cerakey属于不同赛道；对于手工艺键帽品牌来讲，单个键帽昂贵，全套做不起来，用户需求也是以单个键帽为主，与Cerakey的用户需求重合度不高。

其他特殊材质的键帽全套（如金属键帽），无论流量还是销量，都不值得一提。但这并不意味着Cerakey不会有竞争对手或者不需要去持续研究竞争对手，因为在未来，绝大多数机械键盘品牌都会成为Cerakey的竞争对手。对此，Cerakey需要注意以下几点。

第一，Cerakey要持续关注流量持续增长的键盘、键帽品牌，观察它们在网站、广告、社媒上的内容和动作，确认竞品品牌流量的变化和改进点。第二，不同品牌的机械键盘有着不同的卖点，成功的机械键盘品牌主打独特的卖点，要关注这些竞争对手是怎么包装这些卖点的，又是如何在网站、广告营销上呈现的，这些都会为Cerakey后续推广自己的机械键盘积累一定经验。第三，很多机械键盘品牌有不同品类，要知道其品类的划分、命名的方式是怎样的，这会为Cerakey后续多品类框架优化提供经验。第四，要关注成功的竞品品牌在红人营销上的整体策略是怎样的，这些竞品品牌相对于Cerakey多了哪些渠道，以及其在不同平台的不同营销策略和内容，甚至其是如何将品牌调性、产品特点和用户需求相结合输出高质量的营销内容的，这些都是Cerakey需要了解和研究的内容。

除去上述对竞品品牌的分析，Cerakey还要做些额外的动作，如媒体背书、名人和专业测评机构的评价，以及线下展会的举办，或是与一些头部品牌、热门的IP合作，来提升品牌整体的知名度和影响力。

综上所述，我们在进行竞品研究的时候主要从以下几个部分去做详细的调查研究。首先是针对竞品品牌的产品及服务进行调研，充分了解竞争对手产品的功能、卖点、价格、核心壁垒，以及整体品牌面向市场的优劣势。其次是充分了解竞争对手在市场上的定位和品牌形象，以及其在真实的市场反馈上和别的品牌相比有哪些优势与劣势。再次是在整体的营销策略上进行充分的分析研究,包括对竞争对手的成本、定价策略、销售渠道、营销手段等的分析,并比较其营销层面的优势与劣势。最后也是最重要的部分,即通过真实的消费者反馈,了解竞品品牌在消费者心目中的整体形象及产品的满意度,挖掘消费者的真实需求,进行比较、优化。

18
用户心智与品牌运营

中国有句古话："得民心者得天下。"对于老百姓来说，谁当皇帝并不重要，重要的是谁当皇帝能够让自己吃得上饭，穿得上衣。对于品牌来说也是如此，要成为一个知名的品牌，就要赢得用户的心。怎样赢得用户的心呢？和前面讲的一样，让用户记得品牌的优势，让用户记得产品的优势，让用户一旦对这个品类的产品有需求就会想到你的品牌。很多品牌早就做到了这一点，抢占了用户心智。

这些已经占领了用户心智的品牌几乎都是数一数二的头部企业旗下非常知名的品牌。

很多占领用户心智的品牌几乎都是行业第一，这个第一在这里不单指市场地位，也指第一个吃螃蟹的概念。比如苹果是最早全线做智能手机的品牌，特斯拉是最早做电动车的品牌之一，足力健是国内最早做老年人鞋子的品牌，对于市场来说，"谁先做"这个概念很重要。因为人的记忆是有限的，关注的信息是有限的，所以在绝大多数情况下，在面临多项信息时，我们会优先选择有优势的第一信息。所以我们在做品牌时，要跳出来，寻找自己的差异点，尽可能不要在一个别人已经抢占了大量用户心智的池子里厮杀。比如你要做可乐，在很大程度上你肯定是做不过可口可乐的，因为可口可乐已经抢占了大量的市场，占领了大多数消费者的心智，这个时候跳出来做一些差异化的产品就很重要了，可以在别的信息层面上建立有优势的第一信息。比如元气森林做了气泡水，"0糖、0脂、0卡"的标语一经推出就吸引了大量消费者，在气泡水这个领域，元气森林建立了自己的优势信息。现在，元气森林也推出了可乐口味的气泡水，整体销量也还不错。如果元气森林一开始没有跳出可乐的赛道，那么其要面临的竞争激烈度就可想而知了。

再比如，在电竞市场，2023年可谓电竞品牌极度内卷之年，各家品牌你来我往，价格战、营销战层出不穷。Cerakey作为一个新入局的初创品牌自然无法同别的品牌竞争，所以它跳了出来，在别的关键信息点上建立起有优势的第一信息，决定不在机械键盘这个赛道里内卷，而从更细分垂直的品类入手，以陶瓷这个关键信息点做差异化产品，事实证明它的选择是正确的。当然，仅仅这样还是不够的，品牌要想占领用户心智还需要持续地做内容运营，持续地和用户建立连接。

在移动互联网时代，抢占用户心智就要做好品牌传播，做好品牌传播就需要品牌在自有的社交账号上深耕内容。作为品牌方，在自有账号做内容的时候一定要秉承实事求是的原则，一定要做到真实，不能为了制造热点而夸大其词。在产品层面，越来越多的消费者转向专业化，你是什么样的，你的产品是什么样的，消费者自己会进行测评、甄选、查证，所以千万不要试图去蒙骗消费者。比如一些3C产品，在对外宣传的时候往往会夸大其词地宣称自己应用的材质是什么级别的，应用在哪些领域，等等，这时就会有专业的消费者站出来去和品牌方辩证，这种情况往往对品牌方是非常不利的。除此之外，还有一些小的品牌热衷于通过联名的方式制造热点内容，以提升自己的品牌知名度，希望以此抢占用户心智。然而很多时候，它们花费了大量的时间、精力和预算，却发现收效甚微。很重要的一个原因是品牌的用户基数少，用户不了解这个品牌，自然不会因为联名而买单。只有先让用户了解你、熟悉你，成为你这个品牌的忠实用户，等用户达到一定规模后，再去做品牌联名，这样才有可能产生可观的效果，否则只是帮别人做嫁衣。

品牌想要占领用户心智，就要了解各种社交媒体，以不同的方式来满足平台和消费者需求，不只是日常发一发内容那么简单。我们首先要更正两个观念，第一是把社交媒体看作一个生意的平台；第二是把品牌的运营看作一项花费而不是一项投资。品牌自媒体账号要把内容当作一期期节目去做，品牌要真正连接消费者，就应该让消费者成为社交媒体中的一部分。在当下产品过剩的时代，每一个品类中都有数不清的品牌，几乎处处都是红海。品牌和企业的竞争在绝大多数情况下已经发生了转移，从生产端、市场端转移到了消费端、心智端。谁能在消费者心中率先植入优势信息，谁就能够在消费者心中占据优先被选择权，成功地抓住消费者，这是企业和品牌成功的根本。但是很多企业并没有很好地抓住这个机会点，过去的几年整个国内市场涌现了大量的新晋品牌，但很多都是昙花一现。品牌一旦开创了一个新的品类，发现了一个新的机会窗口，就应该抓住这个点，快速巩固品牌在消费者心中的地位，否则在国内制造业如此发达的今天，我们就可能会看到一夜之间大批模仿者涌现。我们始终要明确一个概念，如果品牌要长久地发展，那么其就要在消费者心中等同于一个优势信息词。

移动互联网让整个世界变小，全世界任何地方的任何用户，都可以快速地获得关于一件事或者一个产品的反馈，然后加以传播。我们还要明确一个概念，品牌是有生命力的，在线上，品牌不应该只是一个冰冷的商标，而应该成为一个虚拟化的人。所以品牌要把社交媒体拟人化，以人的性格特征去真诚地和消费者建立连接。品牌方要打破常规的内容套路，因为常规的内容套路会在消费者心中形成固有的观念："oh，这个品牌如此无趣，它发布的信息很明显是在通知我、应付我。"我们要做的是把消费者纳入我们的品牌当中，当下的品牌更要成为社交媒体中的品牌。当下品牌在社交媒体中的首要策略应该是粉丝优先的策略。品牌方在每个平台上必须以一种粉丝能够接受的方式来与其交流。社交媒体的优势在于，用户可以在任何时间接触任何地方的任何人，所以品牌方要做的就是说人话、办人事，在内容上用心制作，在活动上用心思考，办让用户真正能够接受的活动。社交媒体的目的是希望任何用户都能够创造出具有吸引力同时又能让大家愿意主动分享的内容。社交媒体能够助力品牌塑造，能够帮助品牌在线上树立品牌形象，能够为消费者营造一个良好的购物环境，不论是在线上还是在线下，良好的购物环境是一个品牌能够快速成长的关键因素。

在这里举一个让我印象深刻的真实例子。众所周知，北方的冬天相对比较寒冷，在某个三四线城市，高铁站里并没有空调可以调节温度，所以整个车站里面非常冷。高铁站里有两个商店，分别在左右两边。两家店里卖的东西几乎一样，但是很明显左边的商店人满为患，右边的商店门可罗雀，究竟原因是什么呢？就是一杯热水。左边商店的老板烧了两壶热水，每当走进来一位顾客，这个女老板就会倒一杯热水递给他说："天太冷了，来喝杯热水暖暖身子，免费的。"大家或多或少都会被这个暖心的举动感动，不管有没有消费需求，大家在商店里都会多多少少购买一些东西。而另外一家商店的老板就只是坐在收银台后面刷刷抖音，顾客挑选完商品后，老板机械化、流程化地结账。两相对比之下，右边商店的生意自然好不到哪里去。

为什么举这个例子呢？这里我想表达的观点是，其实不论是线上还是线下，消费者只有在好的购物环境中才会产生消费动机。在线上，品牌方同样要营造好的购物环境，而品牌方的自媒体账号就是营造好的购物环境的一个窗口。品牌方不要总在其自媒体账号上发一些看似高大上的内容，这往往只是品牌方的"自嗨"，真正该输出什么内容取决于消费者的反馈。比如可以根据售后的反馈制作一系列视频，这些远比精美的物料更容易吸引消费者。以Cerakey为例，品牌方会把消费者在售前售后遇到的问题做成内容物料发布在其自媒体账号上。这样既解决了很多消费者反馈的共性问题，也表明了品牌方的态度。线上品牌运营一定要时刻保持人性化，只有这样才能够让品牌脱颖而出，才能让消费者对你推出的产品感兴趣。一味夸耀自己的产品是没有意义的，品牌方要做的是真正地和消费者交流，真正建立一个牢固的基础，因为在社交媒体上一旦有人喜欢你的品牌，他们就会分享给身边的人，他们的亲人、朋友。一个品牌必须拥有好的产品、好的故事、好的理念，品牌方必须找到接触消费者的方式，真正在交流上下功夫。品牌方在社交媒体中不要充当一个销售的角色，而要充当一个朋友的角色，为消费者带来价值，这才是正确的思考方式。

人们会忘记听过的话，但是不会忘记一件事情带来的感受。比如朋友曾在你危急的时候给予你帮助，这种感受你是无法忘却的。比如作为消费者，你购买了一个产品，服务员的态度很差，你们因此吵了一架，这种感受你同样不会轻易忘记，甚至可能从此之后再也不会购买这个品牌的产品。品牌方要清楚地认识一个概念，线上的投入和产出是成正比的。一个品牌认认真真地和用户沟通，为用户创造良好的购物环境，用户一定会给予你回报。

除此之外，品牌方要有原创思维，换句话说，不能只是建立和维护品牌形象，还应该以一个创作者的身份去创作内容。消费者并不喜欢看千篇一律的东西。消费者是品牌的部分所有者，他们有助于帮助品牌开展品牌营销。传统的品牌运营是通过精美的物料广告和一些常规的品牌运营活动展开的，如今品牌运营发生了变化，品牌运营中最重要的策略是分享。品牌方必须抛弃固有的售货员思维，到社群当中去，这样才能和消费者成为朋友。品牌方需要创造条件，使消费者在品牌上花时间，并允许消费者分享关于品牌的想法和感受，像朋友一样对待消费者，及时反馈，及时交流，变得更加开放。

  品牌方还要学会接受消费者的建议，就像前面提到的，要明确地认识到品牌的社交媒体运营不是一项花费，而是一项投资。我们不能以在社交媒体上的花费来评判我们的投资回报率，因为粉丝是会随着这些有趣的内容的生产持续不断地增加的。社交媒体不断在更新，新的平台也会有不同规则和要求。我们要注意那些没有变化的东西，人与人之间的情感连接不会发生变化，真诚不会发生变化，这些不变的东西才是我们作为品牌方应该持续下功夫的点。好的关系最终会促成生意，品牌方应该把社交媒体看作生意的平台，而不仅仅是一种常规的营销平台。当我们作为品牌方持续不断地创造有价值的内容时，这些内容一定会被消费者看到。

19 联盟营销

联盟营销，通常是指网络联盟营销，是一种按营销效果付费的网络营销方式，即商家（又称广告主，在网上销售或宣传自己产品和服务的厂商）利用专业联盟营销机构提供的网站联盟服务拓展其线上及线下业务，扩大销售空间和销售渠道，并按照实际营销效果支付费用的新型网络营销模式。

在这里举几个例子方便大家理解。当我们去某个三四线城市旅游的时候，由于对当地环境并不熟悉，我们可能会询问出租车司机等当地人当地有哪些好的旅游景点或餐厅。这时有些出租车司机会口若悬河地为你介绍，同时直接把你送到他推荐的地点，而当你在这些地方进行消费时，餐厅、酒店或者旅游景点会把一部分佣金返给出租车司机。在这个过程中，出租车司机既挣了路费，还挣了商家返还的佣金，这本质上就是一种联盟营销。再比如，在参加旅游团的时候，每当游客到达一些旅游景点，导游就会把游客带到固定的商店进行消费，这些商店往往销售的是当地的土特产。当游客完成购买时，导游都会从中拿到特定的佣金。从本质上讲这也是日常生活中较为常见的联盟营销方式，即商家和一些意见领袖联合进行营销。

让我印象最为深刻的是一次在杭州出差时，刚好赶上亚运会开幕，杭州的出租车司机在游客上车的时候会问："来杭州出差还是旅游？都去了哪些景点？"当我回答完这些问题后，他们又问："要不要带一些杭州本地的土特产回去？"这个时候大多数游客会问："杭州本地有什么特产呀？"出租车司机就会顺势说："杭州最出名的就是××的丝绸，比如蚕丝被或者丝绸披肩，这个是杭州最出名的，也是亚运会指定用品，他们这两天刚好打折，原价20 000元的蚕丝被，现在只要5 000元，一年就只有这一次活动。"司机第一次介绍的时候，我果断拒绝了。等到第二次我又打车去一个旅游景点的时候，另一个司机又讲了一遍，并且还说自己刚刚帮老婆抢了一套。这下我老婆坐不住了，结果就是我们稀里糊涂地买了一套5 000元左右的蚕丝被。后来我发现我们住的酒店有好几个游客也都买了，我只能说这真是一场真实有效的联盟营销活动。在亚运会期间，全国各地的游客蜂拥而至，出租车司机首先给游客讲解杭州本地的景点、美食，之后将话题引到购物上，一方面传播了杭州城市文化，另一方面带动了本地消费。在整个营销环节中，有这样三个角色：一个是商家，即饭店、酒店、旅游景点或品牌方；一个是出租车司机，他们扮演的是联盟客的角色；还有一个就是顾客，即我们这些被拉去消费的用户。这是线下我们常常会看到的一种联盟营销的方式。

同样，联盟营销也是品牌线上营销不可或缺的、最为直观有效的营销方式之一。以大疆无人机为例，在大疆进行全球化扩张的进程中，大疆作为品牌方在线上找了非常多的联盟客，这些联盟客都在持续地帮助大疆进行推广，同时大疆也会给这些联盟客较为可观的佣金。由于大疆的产品属于高客单价产品，因此联盟客的佣金普遍比较可观，这也就促使越来越多的联盟客倾向于推广大疆的产品。一些用户体量较大的联盟客通过推广大疆的产品，一年最多可获取高达几十万美元的收益。再以Cerakey在国内的营销推广为例，许多小红书的KOL倾向于推广Cerakey的产品，因为高客单价意味着一旦有用户购买，联盟客就可以抽取较高的佣金。

在上述线上营销案例中，同样也有三个角色：一是商家，即大疆或Cerakey；二是联盟客，即推广大疆无人机或Cerakey机械键盘的这些人；三是顾客，即购买无人机或机械键盘的这些用户。商家通过联盟客获得了更多的订单,联盟客赚取了可观的佣金,顾客得到了满足自身需求的产品,这是一个三赢的局面,这个过程中,每个角色都得到了他们想要的。这正是联盟营销的厉害之处,它是一种直观有效的营销模式,不论是在线上还是在线下,我们都可以看到这种营销模式正在被广泛地应用。

对于联盟客来说,联盟营销有以下几个好处。首先是投入低,对于联盟客来讲,他们并不需要自己创造或生产产品,也不存在库存压力,更不需要囤货,他们只需要生产内容,引导相关用户购买即可。其次是联盟客的自由度较高,联盟客可选择自己擅长的产品品类进行营销推广,产品好卖就多卖一些,产品不好卖也可以立刻更换为其他相关产品。再次是可以不断赚取被动收入,联盟客发布了推荐产品的优质内容后,有可能会带来持续不断的收入。每当用户看到联盟客的优质内容,并通过联盟客的专属链接下单,联盟客就会自动得到佣金。最后是联盟客不需要负责发货、客服等工作,只需要持续产出优质的内容,不需要投入其他的人力、物力。当然,联盟营销对联盟客也有一定的要求。首先联盟客需要有一定的信任背书,即需要用时间、内容来获取粉丝和潜在用户的信任,没有粉丝和用户,就没有人通过链接来购买产品,那么佣金也就无从赚取。其次联盟客需要具备持续输出高质量内容的能力。让用户看到优质的内容、认可推荐的产品,联盟客才有机会赚取佣金。最后就是有订单才有佣金，只有用户通过联盟客的链接成功下单，联盟客才有佣金可以抽取。

对于品牌方来讲，品牌方必须整合和管理不断发展起来的联盟渠道。

联盟营销对于品牌方来说最大的好处就是节省预算，效果真实可见，只有有了订单才会支付佣金，没有订单就不会产生费用。作为品牌方，要明确联盟客的概念及联盟伙伴的范围。实际上，任何可以通过内容链接产生购买行为的营销方式都可以算作联盟营销的一种，比如偏向内容的新闻媒体、垂直类论坛、个人自媒体账号，等等，再如偏向社交的平台，诸如海外的Facebook、Instagram、YouTube、TikTok，国内的微博、微信、抖音、B站，还有一些折扣网站、比价网站等，都非常适合联盟营销的展开。

通常来说，这些网站会帮助品牌方生成购买链接，并且提供后续的效果追踪，以方便结算联盟客的佣金。一般来讲，品牌方都会选择按照销售结果付费的模式来开展与联盟客的合作，在与联盟客进行合作前，品牌方往往会根据产品成本、利润来确定给联盟客的佣金比例，绝大多数品牌方会将这个比例设置在5%～20%，进而根据联盟客的销量按照对应的佣金比例进行结算。假设一个品牌方设置的佣金比例是10%，该品牌方产品售价为1000元，在联盟平台上该产品通过某联盟客累计售出100件，那么该联盟客可获得的实际收入就是10%×1000×100=10000元人民币。

以KOL为例，品牌方与联盟客的合作方式可以是产品测评的拍摄、产品外观的拍摄、产品使用感受的拍摄，以及产品文章的编写、产品图片的分享。以Cerakey为例，其不仅在B站、抖音等平台上和大量的KOL进行产品视频拍摄的合作，还邀请小红书等平台上的KOL进行产品文章的撰写，产品使用体验的撰写，产品外观图片的拍摄。以小红书为例，前不久有一个KOL主动将获取佣金的截图发给我们，我们看到，由于Cerakey产品客单价高，该KOL获取的佣金非常可观，远高于他推广的其他品牌产品所获得的佣金。该KOL还催促我们抓紧时间上新品，期待后续更深入地合作。事实正是如此，联盟客一旦从品牌方那里获取高额的佣金后，便会更加卖力地对该品牌的产品进行推广。相比之下，省去了高额的推广预算，品牌方只需要为那些真实有效的流量付费，过滤了大量的无效流量。当然，品牌方并不是简单地与联盟客开展合作就可以一劳永逸了，联盟营销是需要品牌方不断开发、不断管理、不断引导的。首先，在联盟客的选择上，品牌方要去寻找那些与自身品牌或产品契合度较高的联盟客进行合作。以Cerakey为例，Cerakey是做机械键盘的，所以其优先合作的一定是对3C数码、游戏外设类产品有研究的联盟客。其次，品牌方需要开发引导联盟客，以更有说服力的方式刺激用户购买，并培养用户的品牌忠诚度。再次，品牌方需要给联盟客提供产品的核心卖点、品牌理念等。最后，品牌方需要严格审查联盟客输出的视频、文字、图片等内容，联盟客在输出的品牌理念及产品核心信息上，需要尽可能地规范，与品牌方一致，只有这样才能不断强化信任背书，促使用户在观看优质内容后产生购买行为。

值得一提的是，品牌方需要花费更多的时间和精力去寻找优质的且与自身品牌契合的联盟客，相较于付费广告等营销方式，联盟营销不仅投入低，而且ROI往往较高。常规的直接付费广告，一般ROI往往在2~3，而联盟营销的ROI则要高出几倍。当然，联盟广告营销也有其不足的一面，最直观的就是联盟营销一般见效较慢，且需要不断开发优质的联盟客，所以品牌方要持续地投入人力和物力。一般来讲，联盟营销项目至少要在2~3个月后才能看到初步的效果，如果品牌方希望获得持续增长，那么就需要长期投入时间与精力。需要明确的是，联盟营销是品牌营销的有效方式之一，品牌方并非不再需要做其他方式的营销，品牌方要做好以年为时间单位的心理准备，长期运营，才能收获良好的效果，毕竟没有哪个品牌是一夜之间成功的。

除此之外，联盟营销的关键流程主要有以下几个。首先，品牌方需要明确联盟营销的策略，以及产品的目标受众群体及其画像。其次，确认联盟客的佣金比例，以及数据反馈方式、整体项目的周期。后续与联盟客达成合作时，通过相应的平台为联盟客获取专属的可追踪链接，以便了解真实的数据反馈。当联盟客根据品牌方的诉求创作并发布优质内容后，添加专属链接，当用户点击该链接并且产生购买行为后，平台根据品牌方与联盟客约定的佣金比例，定期向联盟客支付佣金。最后，作为品牌方要学会把握那些长久以来不变的好的营销方式，虽然用户的行为习惯在发生变化，营销渠道在发生变化，但是用户最根本的需求却没有发生改变，好的营销方式能抓住用户的普遍需求。以联盟营销中常见的产品测评为例，虽然KOL在产品测评视频中添加品牌方的购买链接是一种很好的营销方式，但是相较于在知识视频中添加品牌方的购买链接，效果就显得弱了一些。

以瑜伽服为例，同样的两条视频，一条视频是某品牌瑜伽服的开箱测评视频，视频展示了瑜伽服的产品质量及上身效果；另一条视频是关于瑜伽教程的视频，简单展示了几个瑜伽动作，两条视频下面都添加了品牌方产品的购买链接。相比之下，显然第二条视频内容转化效果更好一些，因为在第二条视频中，用户通过观看视频获得了价值，品牌营销的痕迹相对比较少，可见教程视频很重要。在教程视频、知识视频的带动下，大家愿意进行知识付费，诸如樊登读书、得到，这些知识付费公司都已经成为体量非常大的公司。知识营销就是将真实的论据展示给用户，品牌方要在联盟营销中不断引导联盟客，将优质的内容展示给用户，当联盟客以第三方的身份解答了用户心中的某个疑问时，就增加了品牌方的信任背书。好的内容能让用户省心省事，会让用户关注该品牌。

此外，品牌方需要通过联盟营销关注用户的反馈，引导联盟客及时地与用户进行沟通。相对于联盟客制作的营销内容，和用户沟通更加重要。从营销内容到沟通反馈再到完成购买，是联盟客必须完成的完整流程，在这一点上品牌方要多加引导。品牌方还要进行用户调查，因为用户调查是制作内容的基础。举个例子，当你和100个外卖小哥聊天后，你周围应该没有比你更了解外卖小哥真实状态的人了。同样，当你和100个联盟客聊完天后，公司里应该没有比你更了解公司的哪种产品更好卖，同类型品牌中谁家的产品更受用户欢迎的人了。作为品牌方，不要随大流、追热点地去做联盟营销，不要看哪个渠道火就去做哪个渠道。比如，不能看抖音直播火就去找抖音主播带货，而是要考虑该营销渠道是否能为品牌助力，是否适用于自身产品，是否能在营销过程中起到关键作用。以机械键盘为例，这是一个相对小众的产品，用户更喜欢在论坛里沟通交流，所以找到合适的论坛类的联盟客会更有效。

作为品牌方，一定要思考、验证哪个渠道对于品牌营销来说是最为有效的。初期，选择能够评估营销效果的营销方式是最好的，品牌方能够根据真实的数据了解用户的购买行为，所以在品牌建立初期，联盟营销是相对比较实在的营销方式。在推广渠道上，在产品初期，品牌方应该更多地铺设多样化的渠道，根据数据反馈来确定适合品牌方的渠道；在产品发展期，当发现在某一个平台上联盟营销的效果相对较好，品牌方就要在这个渠道做专、做精；在产品成熟期，品牌方在各个渠道既要铺面，也要做专、做精。

20 长期主义

什么是长期主义？

长期主义不是长期坚持。在疫情中，我们接触了很多企业，和一些企业开展了合作，也拒绝了一些企业的合作邀请。在和这些企业沟通的过程中，我们会听到一个高频词——长期主义。这些企业告诉我们，因为疫情的影响，从短时间看，现金流不是很好，但是仍坚持长期主义；从长时间看，它们做的事情早晚会盈利。"长期主义"这个词在很多人的理解中等同于长期坚持，但事实上疫情过后很多企业倒闭了，经过市场的验证，他们所理解的长期主义是不对的。长期主义不等同于长期，不等同于坚持，更不等同于长期坚持。

在我们接触的诸多比较成功的客户案例中，我们发现了一些普遍存在的共性，由此我们认为，长期主义是一种在正确方向上不断优化的方法论。

长期主义是坚持长期关注用户，提升用户体验。

长期主义是不断地放大自己的优势，深耕产品，从长期的角度去精进。

长期主义是确定方向后的坚定践行。

以一个朋友的广告公司为例，在整个团队只有两个人的时候，团队一度陷入迷茫期，后来通过各种机会不断和行业里的大佬交流和学习，团队明确了几个关键问题：

首先，我们的能力值在哪里？

其次，在能力值范围内，我们能解决什么样的问题？

最后，和我们匹配的客户在哪里？

基于上述问题，团队得出了一个结论，最为重要的是先确定市场需求从哪里来。

对于广告行业来讲，客户基本分为三类：政府、品牌方和品牌代理机构。前两者很显然不是团队在初创阶段的客户，因为团队初创阶段的能力值满足不了这两类客户的需求。所以广告公司在初创阶段的客户多为品牌代理机构，也就是和品牌方有直接合作的广告公司，这类广告公司在人手不足或控制项目成本时，会将业务外包给其他广告公司。

这是第一个阶段，确认客户来源。

第二个阶段，确认成长目标。

确认成长目标有两种思考方式，一种是类比思维，另一种是马斯克提出的第一性原理思维。首先要了解整个市场上做得比较好的广告公司有哪些，其业务模型和组织架构是怎样的。其次要了解其利润率如何，有哪些值得学习的经验。最后总结出第一梯队、第二梯队、第三梯队，及其业务形态和组织架构。同时也要思考什么样的业务形态和组织架构是相对较好的，因为时代在变，品牌需求在变，广告公司的属性也应该顺势做出改变。

第三个阶段，坚定践行，这是最为艰难的。在这个过程中，企业会不断地面临各种各样的选择，每个选择都会或多或少地影响目标。

以一些一线广告制作公司为例，它们有着短则十几年，长则几十年的沉淀，公司体量、团队规模、客户资源、硬件实力等都远超初创公司。如果在同一条道路上去追赶这些一线广告公司，势必会异常艰难，那朋友的公司是怎么做的呢？

回归长期主义，首先，关注客户，提升品牌方的体验，在流程上更多地通过视频让客户了解广告制作流程、制作周期、注意事项等。由于客户视频的用途多样，尺寸、内容、字幕等的要求较多，朋友的公司会免费提供转制和修改。其次，朋友的公司发现很多客户的需求多样，一个产品上市宣传，其物料往往需要对接多个不同的公司，那就尽可能地将这些物料全部制作完成。随着抖音直播带货的兴起，很多品牌方迫切想要加入，那么朋友的公司就直接拓展服务范围，帮助客户直接做直播带货，省去客户的学习成本和团队的搭建成本。另外，很多企业的产品不仅仅在国内销售，同时还有品牌出海的需求，于是朋友的公司又搭建和完善了海外团队，让客户无论在国内还是在海外都可以将产品价值传达给消费者。最后，朋友的公司对内不断完善团队成员晋升机制和利润分配机制，让股东和员工的长期利益得到保障。正是因为始终坚守长期主义，朋友的公司才能在短短三四年时间内成为世界五百强企业的合作伙伴。

同样地，在抖音里有这样一家公司，一个不过几十个人的团队，不需要宽敞气派的4S店，不需要身材形象俱佳的汽车销售员，就可以实现一年20亿元的销售额。这家公司通过拓展商品和服务范围，打败了全国绝大多数4S店。

豪车毒是一家豪车买卖中介机构，其在为客户提供豪车买卖的同时，拓展了服务范围——为客户提供极致的保洁服务，可以简单地理解为买车即送家庭室内保洁，帮客户把家里的每一个角落都打扫得干干净净。这个看起来离经叛道甚至是匪夷所思的服务模式背后，是一项成本极低的成功的营销手段。豪车毒通过保洁服务维护客户、提升口碑，一方面增加了用户的黏性，另一方面贴近了用户，通过该服务增加与客户的沟通频次，从而不断地了解客户的新需求，且在沟通的过程中会获得客户推荐，进而从维护客户进化为开发客户。

拓展商品和服务范围，要结合企业的实际运营情况。拓展服务范围是为口碑获客打基础，而服务靠的是细致和坚持。获得更多用户的认可，长期利益才会越来越多。在这一点上海底捞堪称楷模。在客户等位的时候，海底捞拓展了服务范围，从按摩到美甲，只有你想不到的，没有海底捞做不到的。正因如此贴近用户，才有了海底捞的好口碑。

无论对于企业经营而言还是对于品牌营销而言，都需要坚持长期经营、卓越经营。

阶段性的营收不等于持续性的营收，同样，阶段性的营销效果也不等于长期的营销效果。我们要坚持做那些困难但是正确的事情。我有一个朋友创立了自己的大码女装品牌，创立初衷是自身过胖，在市面上买不到合适又好看的衣服，于是自己投入到服装行业中。因为自身不专业,所以她在搭建团队的时候找了很多服装行业的资深从业人员。在设计时,同事建议少一点单品,主推一个爆款,且尽可能减少设计元素,这样成本也会减少很多。但是在她看来,这样做会导致选择单一,所以她坚定地按照自己的想法去做,并取得了阶段性的成功。这里我们需要思考一下什么是正确的事情。对于朋友的大码服装品牌而言,给更多身材不是那么苗条的女孩提供更多的选择、更好的服装,是她最初的经营理念,虽然与传统服装行业一般的经营原则有出入,但是对她而言确实是正确的事情。长期主义对于企业而言,不是守着一个东西不做出改变,而是学会判断什么东西是值得长期坚持的。就像朋友的服装品牌,并不是只要她坚持做,这个品牌就一定会成功。真正的核心是,不管再过十年还是二十年,那些身材不好的女性用户对于美的追求不会发生改变,把大码女装做得更有设计感、更修身、更有性价比,肯定是一件正确的事情,所以长久地按照这个经营理念走下去就一定会取得成功,品牌营销亦是如此。

长期主义是一个具体的策略,在执行过程中我们要始终保持热情。为什么很多企业在创业初期很容易实现增长,很容易得到正向反馈?因为刚开始企业的体量为零,营业额为零,无论对于B端还是C端而言,只要成交,增长都是直观的。在创业初期,绝大多数企业都拥有极大的热情,会想尽一切办法寻找客户,会想出各种各样的创意,尝试给产品加入各种各样的功能点以满足用户的需求，会尽可能地想各种办法完成某个项目。但是当企业有了一定的规模和体量后，很多企业的增长变得缓慢，开始不断出现多余的动作，制订各种各样的计划，进入一个不断重复的过程，逐渐失去了最初的热情。当出现这种情况时，我们就要停下来反思和修正我们的策略。

举个身边的例子，我公司所在的园区内有一家饭店，地理位置好，用餐环境舒适，刚开业的几个月生意非常好，很多公司内部团建、外部招待都会优先选择这家饭店。开业初期，饭店除了食材新鲜、五味俱全，很多细节也十分到位，堪称项目经理成交的教学课程。比如从订位开始，对接人员无论是服务员还是大堂经理，都会清晰地记住你是谁，订的是几个位，还能根据之前的消费记录知道你的饮食口味；当你到店时，他们会面带微笑地招呼你，待你入座后，很快端上品质好的茶水，非常贴心。然而，几个月之后情况开始急转直下，愉快的用餐体验消失了，前期的用餐流程或多或少有了敷衍了事之嫌，可以直观地看到来这个餐厅就餐的客人越来越少了。保持热情是一件很难的事情，但也是最能够被用户感受到的事情。长期主义就是做有反馈的事情，所有的反馈都发生在企业和客户之间。重要的是长期保持热情，在当下及时反馈，及时优化。

除此之外，长期主义还体现在以下几个方面，诸如坚持长期关注企业的现金流，坚持长期管控成本，坚持长期为股东和员工提供保障,坚持长期招聘人才等。

长期主义者,才能必然取得最后的成功,非长期主义者,只能得到偶然的成功,然后在一个个成功概率极低的事件下,逐渐归于平庸。